# 変な人

## 困った人との付き合い方

本郷陽二
Yoji Hongou

きずな出版

# まえがき

仕事の場でもプライベートでも、気持ちよい人間関係を築きたいものです。

しかし、実際の生活では、そうはいきません。

「私は人からどう思われようと気にしないタイプだ」

「自分の価値観を信じているから、まわりに振り回されないわ」

こんな態度の人がいます。ゴーイングマイウェイ、我が道を突き進むタイプです。そこには世間の常識が入り込む余地はありません。なぜなら、彼らは人から意見されるのを嫌いますし、「自分こそが絶対的に正しい」と思い込んでいるからです。でも、一緒にいる人は、彼らに振り回されたり、常識では考えられないような正義を振りかざされて疲れてしまうでしょう。ちょっと「変な人」なのです。

実は最近、私たちの周囲に奇妙な態度や考え方の「変な人」がどんどん増えています。なんともやっかいな存在になっているのです。

この本では、そんな人々の生態を観察し、さまざまな言動を紹介しながら、その心理の謎の解明に迫ってみたいと思います。

本書には、さまざまなジャンルの「変な人」「困った人」「残念な人」「腹立たしい人」が登場します。あなたはきっと「ああ、いるいる。こういう人」「私の上司にそっくり」「わがままな友だちによく似ている」と思うでしょう。

しかし、どんなに奇妙で面倒な人だとしても、生活の中では共存していかなくてはなりません。私たちの生活は激しく変化しています。LINEやYouTubeなどのソーシャルサービスが日常の大きな部分を占め、オンラインでの会議や在宅勤務も多くなりました。空気が読めない状態が広まり、それがまた、さまざまな「変な人」を生み出しています。

でも、こういう人との共存の方法はいくつかあります。この本をきっかけに、彼らとの上手な距離の取り方、付き合い方のコツをつかんでほしいと思います。困った人にどう対応するか。それは、これからの私たちの人間関係において、もっとも重要な課題になってくるでしょう。

また、これが他人事だと思うのは早計です。なぜなら、誰の中にも、ちょっとだけ困った部分や残念な要素はあるかもしれないからです。そう考えると、この本に出てくる話は反面教師とも考えられます。あなたがそんな人にならないように気をつけるヒントになると思います。
この本が、むずかしい人間関係を克服するために少しでも参考になれば幸いです。

本郷陽二

# 目次

呼びかけても返事をしない人
「できません」ですませる人
「ていうかぁ」が口癖になっている人
無駄話が苦手な人
お会計で姿を消す人
すべて白黒つけないと気がすまない人

# 第3章 自分は悪くありませんの人

周囲をゆさぶる「かまってちゃん」
なんでも決めつけたがる人
他人の気持ちを理解しない人
仕事よりプライベート優先の人
お金を借りても忘れて平気な人
「自分は悪くない」とがんばる人
有給休暇を主張しすぎる人
言い訳も自分中心な人
謝ろうとしない人
ドタキャン常習の人

# 第5章　考えが幼い人





イラスト／越井　隆
編集協力／岡崎博之
ＤＴＰ／今井明子

# 変な人

困った人との付き合い方

# 第1章

# 調子がよすぎる人

# 叱っても平気な顔の人

「おい、ちゃんと話を聞いているのか？」

「はい、もちろん聞いています。それで……お話は終わりですか？」

こんなやり取り、職場で見かけたことはありませんか。

新人のS君は、先輩の指導を何度受けても同じミスを繰り返します。しかも、先輩が「何度同じことを言ってもわかりませんか？」と少し声を荒らげても、どこか他人事。まるで叱られている自覚がないようです。

どうやらS君は「叱られ慣れ」と呼ばれる心理状態にあるようです。この「叱られ慣れ」は、現代社会において深刻な問題となっています。少子化が進み、親から真剣に——時には痛みを伴うような厳しい叱り方をされる経験がほぼなくなったために起きているとされています。また、若手の多くがＳＮＳというサイバー空間で行われる誹謗中傷に慣れてしまい、他者からの批判を受け流す術を身につけてしまったことも関係しているようです。

このような「叱られ慣れ」は、自己防衛機制の一種である「合理化」や「否認」と関連があるとされています。つまり、叱られることへの恐怖から身を守るために、「何の問題もない」「自分は悪くない」といった考え方で現実を歪めてしまうのです。

本来、叱られるのは成長のための貴重な機会です。しかし、「叱られ慣れ」している人は、この貴重な機会を逃し、成長のチャンスを棒に振っています。

では、「叱られ慣れ」した人に対しては、どう接すればいいでしょうか。

まず、「お前はクビだ！」といった感情的な言葉は避けましょう。いくら「叱られ慣れ」しているとはいえ、そのような言葉は相手を傷つけ、パワハラと捉えられます。

そこで利用したいのがインキュベーション効果です。これは、病理学の免疫効果を心理学的に応用した対処法で、ネガティブな情報を段階的に伝えることで相手の心理的ショックを和らげながら忠告をするテクニックです。

いきなり最終通告するのではなく、たとえば「このままでは、周囲から信頼を得るのは難しいかもしれないよ」「態度を改めないと、チームの一員として認められないんじゃないかな」などといった言葉を問題が生じた度に伝えます。こうすると、相手は段階的に自分の置かれた立場をようやく悟っていきます。

これと同時に、具体的なミスの内容と改善策を丁寧に伝え、目標達成のためのサポートの提供も必要です。正直言って面倒でしょうが、叱られ慣れしている人には、このように共感を持って成長を促すしかありません。

それでも改善が見られない場合は、最終的な判断を伝えることになります。その際も感情的にならず、「残念ながら、うちの会社（部署）は、君の適性には合わないようだ」のように、明確かつ客観的な言葉で伝えてみましょう。

# やたらに競争心を燃やす人

子どもの頃は、「僕の方が足が速い！」「私の方が歌が上手い！」などと、競争心をむき出しにすることがよくありました。しかし、大人になっても闘争心が消えず、常にマウントを取ろうとする人がいます。

たとえば、今年の夏休みはどこへ行くのかという話題になったとき、ある人が「子どもの希望で、ディズニーシーに行こうと思っているんだ」と言ったところ、同僚が、「千葉県の浦安ですか。うちはフロリダのディズニーワールドに行きますよ。やっぱり本物を見せてあげたいから」

と、勝ち誇ったように言ったそうです。

こんなとき、腹が立つなぁと思っても、面と向かって注意するのは逆効果です。マウントを取りたがる人というのは、実は強い劣等感を持っていることが多いといわれます。だからこそ他人と比較して優位に立ちたいという欲求が強く、注意されると激しく反発する可能性が高いのです。

では、どう対応すればいいのでしょうか。

最も効果的なのは、相手にしないことです。挑発に乗ったり張り合ったりしても時間の無駄ですから、マウントを取られたと感じたときは、まず深呼吸をして冷静になりましょう。そして、相手の言葉に過剰に反応せず、心に余裕を持つことが大切です。何も得るものがない争いに、限られたエネルギーを費やすのはもったいないですからね。できれば、「すみません、ちょっと用事を思い出したので」とでも言って、その場を離れるのがベストです。

仕事相手や上司など、簡単に離れられない相手の場合は、「それはすごいですね」「さすがですね」のように、相手が求めている言葉を機械的に返すのも一つの方法です。内心ウンザリでしょうが、仕事として割り切ることです。

もし、あなた自身が「たまにマウントを取ってしまうことがあるんだよな」と感じているなら、それは自己肯定感が低くなっているサインかもしれません。自分の価値観を見つめ直し、他人と比較するのではなく、自分自身の成長に目を向けるようにしましょう。そして、自分自身がマウントを取ろうとしていないか、常に内省することも忘れずに。

「(現実社会では)マウントを取るようなことはしない」という人も、ＳＮＳでの発言には注意が必要です。何気ない投稿が誰かを傷つけたり、不快にさせてしまうことがあるため、

「送信」ボタンを押す前に、もう一度、投稿を確認する習慣をつけておくといいと思います。SNSのような相手の顔が見えないメディアでは、発言内容がエスカレートしがちなため、より節度のある対応を心がけましょう。

競争心というのは成長の原動力になりますが、度が過ぎると人間関係を壊す諸刃《もろは》の剣です。大人としての振る舞いを忘れず、相手を尊重するコミュニケーションを心がけましょう。

# 噂話や陰口が好きな人

「ねえ、聞いた？　○○さん、最近、彼と別れたらしいよ」

「あの新人、コネ入社だって噂だよ」

職場や友人関係の中で、こんな噂話や陰口を耳にすることは少なくありません。聞かされるだけならまだしも、「あなたもそう思うでしょ」と同意を求められるケースもあり、こんなときは返事に困ってしまいますね。

このようなときに安易に同調するのは非常に危険です。その場しのぎで話を合わせたつもりでも、噂好きな人は話を誇張したり歪曲したりするのが得意ですから、「△△さん（あなたのこと）もそう言っていた」などと、嘘を拡散される可能性があります。

「○○さん、リストラされたんだって。かわいそうだと思わない？」

このように同情を誘う言葉にも注意が必要です。内容に関係なく、噂話に乗ること自体が基本的に好ましくないと考えましょう。あなたが会話に参加しているだけで、周囲に誤解を与えてしまうことがあるためです。

では、噂話や陰口が好きな人にはどのように対応すればいいでしょうか。

できれば、その場を離れるのが最善の策です。しかし、職場など、簡単に離れられない場合は、共感や関心を示さず、発言も控えましょう。目を合わせたり頷いたり、相槌を打ったりするのも避けましょう。

そして、返事を求められたら、アサーティブ・コミュニケーションという手法を使いましょう。たとえば、

「私にはわからないので何とも言えないわ」

「○○さんのことはよく知らないので……。ごめんなさい」

というように、「私は興味がない」と相手にやんわり伝えながら、話を終わらせる方向に持っていくわけです。これなら相手の反感を買うこともありません。

また、話題を変えるのも有効な手段です。

「そう言えば、最近○○の映画を見た？」など、まったく関係のない話題を持ち出して、相手の注意をそらすのです。

反対に、絶対にやってはいけないのは「私はそういう話はあまり好きじゃない」とはっきり拒否することです。噂話や陰口は、その人が抱えている不安や不満、嫉妬といったネガテ

ィブな感情を解消するために行われることが多いとされています。それを頭ごなしに拒否すると、不満や嫉妬を強め、あなたを次の噂話のターゲットにする可能性が出てきます。「そうだったんだ」「へえ、そうなんだ」など曖昧な返事をするのも考えものです。相槌を打つと相手の発言が長引くことがわかっているからです。

噂話や陰口は人の心を傷つけ、人間関係を壊すきっかけになります。そのようなトラブルに巻き込まれないよう、賢く身を守りましょう。

# 気分の落差が激しい人

自信が保たれているときは誰とでもご機嫌でコミュニケーションをとれるけれど、劣等感を感じたり、思った通りの成果を上げていないと思い込んでしまうと、周囲の人と距離をおくようになる。こうした心理状態をアコーディオン・シンドロームといいます。

けっこう有名なメディアの編集をしている女性は、大学院で学んだ経済の専門知識を武器に、日に夜を継いで仕事に明け暮れています。風紀委員といえるような真面目さと、あふれんばかりの正義感を持つので、上司も期待を寄せています。

ところが、なぜか同僚からは、あまりよい評判は聞きません。理由を聞いてみると、思った通りに仕事が進んだときは、機嫌もよく話しやすいが、仕事相手から何か突っ込まれたり、自分の思った通りにことが運ばないと、極端にテンションが下がってしまうというのです。一人の世界に閉じこもっているかのように、誰とも口をきかなくなってしまうこともたびたびだそうです。

上司が仕事の進み具合を聞いても、黙って下を向いたままで、何も答えません。小さいころから優等生で通ってきたので、自分のやることがうまくいかない状態が許せないのです。ましてやそれを人に知られるなんて、絶対にあってはならないのでしょう。壁にぶつかっていることを隠して、周囲の誰にも相談できないのだから、深みにはまる一方です。

彼女のようなタイプは、両親・祖父母から過保護に育てられていたことが多く、その結果、自分が傷つくことを想像しただけで耐えられなくなってしまいます。そして、傷ついてしんどい思いをするくらいなら、いっそ一人の世界に閉じこもってしまった方が楽だと考えるのです。まさに〝ひきこもり〟と同じ構図です。

つまり、スランプのときは軽い〝ひきこもり〟状態になっているわけで、これが高じると、出社を拒否するようになったり、突然の退社に至るケースもあります。

こんなタイプの部下がスランプに陥った場合は、思い切ってその仕事から外し、まったく別の業務を与えてみる方がいいのです。新しい仕事なのでスランプと無縁の状態で挑戦できるし、うまくいけば自信も取り戻します。そうしたら以前のプロジェクトに戻すのです。上司は大変ですが、親になった気分であたたかく成長を見守ってあげてはどうでしょうか。

# 手柄を自分のものにする人

「部長、やりました！　とれましたよ！　ばっちりです！」

中堅どころの部品メーカーに勤務する佐藤さんは、外回りから帰ってくるなり、声を張り上げました。大手サプライヤーM社への納入がついに決まったというのです。

それだけ聞くと、まるで彼の手柄のように聞こえてしまいますが、実はそうではありません。この一年間、納入が決まるまで辛抱強く商談を進めてきたのは後輩なのです。いよいよ最後のツメまできたので、後輩の見守り役として彼をつけてやっただけなのですが……。

とはいえ、事情をよく知らない人は、M社の取引開始は佐藤さんの手柄だと思ってしまいます。その後も会う人会う人に、「あのM社が取引してくれるようになったんですよ！　一年間の苦労が報われました！」と、まるで自分が立役者だと言わんばかりの勢いで言ってまわるのです。このしたたかな自己アピールのおかげで、社内での評判はうなぎのぼりです。

本来の立役者である後輩の方はコツコツやり抜く努力家で、控えめな性格もあってか、決して自ら手柄をアピールすることはありません。

しかし、手柄の横取り行為は、毎度のことなのです。面倒なことや時間がかかることは誰かにやらせて、最後においしいところだけもっていく。失敗しても責任はとらないし、とろうともしません。

しまいには、「ボクは最初から、どうやったってうまくいかないと思っていましたよ。だから傷口が大きくならないうちに撤退を提案していたんです。なのに、○○君が逃げたくないっていうことを聞かないから……」と、他人に責任をなすりつけて逃げてしまうのです。

こういった「自分だけが正義」みたいな人間は、意外とどこにでもいるものです。人と協力して何かを達成した経験がほとんどなく、まわりを蹴落としながら生きてきた結果、周囲の人はみんな、ライバルに見えてしまうのでしょう。こういった人とは距離をとってなるべく関わらないようにするのが無難です。

## 「前向きで！」が口癖の人

ある大手住宅メーカーの営業部に、自分を「日本一のポジティブ人間」と言ってはばからない男性がいます。前向きでガッツがあるのはいいのですが、営業成績がここ数カ月、右肩下がりを続けている状況なのに、一向に気にしません。会議で上司に原因を問われても、「今は間が悪いだけ。きっと上向きます。前向きで行きます！」と叫ぶだけ。

売上げが下がり続ける原因を分析したり、打開のための具体的な対策を考えようとするそぶりも見せず、「前向きで！」と、ひたすら同じことを半年間繰り返しているだけなのです。ポジティブな気持ちさえあればすべてうまくいくと心から信じているのでしょう。

たしかに、物事をネガティブにとらえ始めると、気持ちも落ち込みますし、行動力もダウンしがちです。その結果、物事が良い方向へ行きにくくなるのも事実でしょう。

だからといって、どんな場合もポジティブでいれば状況が好転するわけではありません。うまくいかない原因を探り、何をすればいいか対策を立て、実行する。うまくいかなければ、その原因をもう一度検証して次の行動につなげていく、という具体的な行動が必要です。こういった努力を継続することが本当のポジティブ思考といっていいでしょう。

「ポジティブ」「願えば叶う」「つねに前を向いて生きよう」といった前向きフレーズが口癖の人は意外といるのですが、ある精神科医によると、本心からそう思っていることは少なくて、「とりあえずこう言っておこう」と、ただのおまじないのように思っているケースが多いとか。わかりやすくいうと、無責任ということ。現実逃避ともいえます。一見、明るく前向きに見えるだけで、問題を解決する力も、何かをやり抜く力も持ち合わせていないのです。

こんな人が周囲にいる場合、うわべの前向きさにまどわされず、「ポジティブなのは素晴らしい。その前向きさで具体的な行動プランを作ってくれたらきっとうまくいくよ」などと言いましょう。仕事は気持ちだけではなく、具体的な行動の積み重ねで進めるということを、相手をほめて、持ち上げながら伝えていくのがポイントです。

ポジティブ大好きな人は、ほめられるとさらテンションが上がって、全力で仕事に向かうケースも多いと覚えておきましょう。

# なんでも安うけあいしてしまう人

「はい、写真の差し替えとベースカラーの変更ですね。はい、はい、もちろん大丈夫ですよ！　お任せください」

頼まれるとなんでも引き受けてしまう人がいます。某デザイン事務所のチーフもそんな人です。もちろん、大切なお得意先からの依頼なら仕方がないともいえますが、彼の場合は、単に「ＮＯ」と言えないようです。根っからの楽天家なのか、それとも何も考えていないのか……、部下のスタッフたちも理解に苦しんでいます。

もちろん、そのせいで残業は当たり前、ひどいときには徹夜をするハメになり、部下たちのストレスと疲労はたまる一方です。「ＮＯが言えない病」は、値段交渉のときも顔を出します。「これ以下ならば絶対に引き受けない」という最低金額を決めても、結局は、相手の言い値をのんで破格の値段で受けてしまうのです。

その結果、大迷惑をこうむるのは部下です。無理な納期、無茶な修正依頼を引き受け、赤字スレスレの予算で、なんとか要望どおりのものを仕上げようとして、身も心も疲れ切ってしまいます。もちろん、職場の雰囲気も重苦しくなる一方です。

周囲に迷惑がかかるとわかっていながら、なんでも安うけあいしてしまう人は、「人から嫌われたくない」「自分の立場を悪くしたくない」という気持ちが強すぎるのです。決して「NO」と言わず「YES」とだけ言っていれば、自分を嫌いになる人はいないだろう、という思い込みです。

また、悲しいことに、仕事を支えてくれているまわりのスタッフを気遣い、大切にする、という発想がまったくないのも、このタイプの人の特徴です。

おそらく、近い将来、スタッフに去られることになるでしょう。一人きりになってはじめて、仕事は決して自分一人ではまわらないこと、身近に支えてくれるスタッフこそ大切にしなければならなかったと気づくのです。

しかし、おそらくそのときには、自分のそばに誰も残っていない、という残酷な現実を突きつけられるのでしょう。

# 他人の意見に合わせるだけの人

職場でもプライベートでも「最初の一杯、何にする?」で始まることが多い飲み会ですが、そんなとき「みんなと同じビールでいいです」と、他の人と同じものを注文する人は結構います。こういったことも仕事以外なら、まあ大した問題ではないかもしれませんが……。

中堅のイベント会社に勤める人がいます。会議でも商談でも自分の意見や判断を話しません。自発的な発言はゼロ。先日の企画会議では、自分の出した企画であるにもかかわらず、周囲の意見や突っ込みに同調して「はい。あのー、皆様のおっしゃる通りだと思います」とあっさりひっこめてしまいました。

「赤信号、みんなで渡ればこわくない」という言葉がありますが、それが彼のモットーのようで、多数決でも、賛同者が一番多そうなものを選びます。そこに〝自分〟はいっさい存在しません。

孤立するのがとにかくこわいのです。みなが「A案」と言っているのに「B案がいい」なんて口が裂けても言えないし、そんな勇気もありません。自分の気持ちを言えなかった後悔よりも、みなの意見に合わせられなかったときの苦痛の方がはるかに大きいのでしょう。

こうした傾向は一人っ子に多く見られます。大人の中に子どもが一人という環境では、常に自分がいちばん未熟で弱い立場にあります。そんな中では、力の強い大人の意見に従うのが一番楽な生き方です。そうやって生きていくうちに、信号が赤か青かということより、「みんなが渡るときに、その中にまぎれてうまく渡るのが正解」と考えるようになってしまうのでしょう。

こんな彼に、判断や決断を求めるのは無理な話。「きみだったら、A案からE案のなかでどれを選ぶ？」などと意見を聞いても、「えっと、いや、その……。A案もいいですし、B案も捨てがたいし。どれを選んでもいいような気がします」と明らかにうろたえて、はっきりと答えようとはしません。

こうした態度を見ていると、ケンカでも遊びでも、幼少期に勝ち負けの世界を経験しているかどうかが、本当に大切だと思い知らされます。最近は劣等感を持たせないようにと、競争から遠ざけられて育っていることが多いといわれています。

当人からすれば、「そんなふうに育てておいて、もっと自分らしさを打ち出せといわれるのは無茶な話だ」といいたくもなるでしょう。空気を読み、多数派に自分を合わせる生き方は、もはや彼らの本質のようになってしまっているのですから。

ファッションなどの流行《はやり》にも同じようなことがいえるでしょう。

必ずしも、そのファッションが大好き、そのファッションを着て街を歩きたい、といった気持ちではなく、「まわりの人がみんな買っているし、自分も流行にのっておこう。でないと取り残されちゃう……」という不安から買いに走るわけです。

「個性を大事に」というかけ声とは真逆の行動で、まさに〝みなと同じであることに安心感をおぼえる〟傾向が強いことを物語っています。

こういう人たちに、「自分らしさを大切に！」といった態度で接しても、うまくいきません。前もって「A案かC案がよさそうな気がするけど」などと、ある程度の方向性を示してあげると、彼らは仕事がしやすくなるでしょう。

# 挨拶をしない人

　ある大手出版社の編集長は、最近、生活スタイルを朝型に変え、早朝に出社するようになりました。すると、若い社員の中に「おはようございます」と、声に出して挨拶しない人が多いことに気づいたそうです。

　頭を下げるだけで挨拶したつもりのようで、編集長が「おはよう」と若手に声をかけても「おは……す」「あざっす」のような曖昧な挨拶を返す人がわずかにいるだけ。ほとんどは無言のまま頭を下げ、逃げるように離れていきます。

　よく観察すると、「ありがとうございます」や「お世話になっております」もきちんと言わない傾向があるのがわかってきました。

　挨拶ができない人が増えているのは、核家族化が進み、家族間のコミュニケーションが減ってしまったからといわれます。先の編集長も、朝早く出社するようにしてからは、家族が起きてくる前に家を出るようになりました。妻は受験生の息子のために夜食を作る日々なので就寝中、誰とも会話しないまま出勤します。帰宅時間は早くなりましたが、息子は塾通い。中学生の娘も塾か習い事に通っていて、顔を見合わせるときには挨拶のタイミングを失しています。

挨拶は他人と同じ空間を共有するときに欠かせない礼儀です。かつて何世代もの家族、親戚や使用人と同居していた時代には、家の中でも挨拶は欠かせないものでした。しかし、核家族化が進み、家族間のコミュニケーションが減った現代では、挨拶の習慣が薄れ、意味も見出せないと感じている人が多いのではないでしょうか。また、ＳＮＳでのコミュニケーションが主流になり、直接顔を合わせて話す機会が減ったことも影響しているのかもしれません。

しかし、挨拶は第三者と良い人間関係を築くための基本中の基本です。相手に好印象を与え、信頼関係を築く第一歩です。挨拶で気持ち良く一日をスタートさせれば、ポジティブな気持ちで仕事に取り組めます。

挨拶で、これだけ良いことが起きるのなら、「やってみよう」という気持ちになるのではないでしょうか。

# 自分の会社の悪口を平気で口にする人

部下と上司による挨拶回りでの一コマ。

「弊社の力が足りず、いつもご迷惑をおかけしています」

少し腰の低い課長が挨拶をすると、隣に立つエリート風の部下が驚くべき言葉を言い放ちます。

「たしかにそうですよね。でも力不足っていうより、他社との力の差をまったくわかっていないことの方が問題ですよね。よく、近い将来に必ず最大手のA社に追いつくって言ってるけど、そんなこと、夢の夢だって、社員全員いちばんよくわかってるはずですよ。課長、そうですよね？」

課長は絶句してしまいましたが、部下は涼しい顔。実は、社内でも有名な問題社員で、笑い話ではすまないような、もはや悪意すら感じられるレベルで自社の至らぬ点を言い募ります。しかも出先で、です。外で口にしたことは、あっという間に広まって話のタネにされるということも理解していないようです。

とくにひどいのは、社内の人間を批判するクセがあることです。

「部長ですか？　立場や相手によって人が変わるんです。優秀かもしれませんが、ボクはあんな生き方はしたくないですね

「上司は大学の先輩なんです。この人なら信頼できると思って入社を決めたんですけど、正直、今の姿を予測できたら、入らなかったかもしれないですね（笑）」

謙遜と悪口の区別がつかないのか、それとも単に何も考えていないだけなのか――自分の非常識で無責任な言動が、自分自身の評価、信頼を下げまくっていることに気がついていないのは、もはや不幸です。

おそらく、悪気があるわけでなく、「感じたことをただただ口に出してしまう」だけ、単に未成熟さを示す言動なのでしょう。

上司は、機会あるごとにきつく注意をしていますが、「上司のヒステリーにはほんとウンザリだよ……。しかもあの人、怒り出すと話が長いんだよなー」などと、悪口のネタを提供しているだけのような気がしてなりません。

# おごってもらうときに高いものを注文する人

商談や打ち合わせの際に「どうですか？　一緒にお昼でも」などと誘われることはよくあります。そんなとき、いろいろと悩む場面があるものです。

たとえば注文の仕方。どう注文したらいいのか、意外と気を遣います。一番無難なのは、案内してくれた人におすすめメニューを聞いてお任せしてしまう方法です。相手を立てることにもなりますし、もし先方がご馳走してくれるとなった場合も、高いメニューを頼んでしまった……と必要以上に恐縮することもなくなります。

ところが、遠慮を知らない人間がたまにいます。入社五年目の彼女もその一人。もはや新人でもないのに「この〝一日15食限定〟のスペシャルステーキ、おいしそう！　これに決めました！」などと、相手のことなどおかまいなしに、自分の食べたいものを勝手に注文してしまうのです。

相手が軽めの食事を頼んでいても気にもとめません。料理によって、出てくる時間や食べ終わる時間も変わってくるという不都合があるのも想像できないのでしょう。

本人からすれば、「自分が食べたいものを食べる。それは当たり前」という考えなので、悪いとも問題があるともまったく思っていません。

こういう人は、「なんでも好きなものを頼んでいいのよ。私たちのことは気にしないでいいからね」などと言われて育ってきたのでしょう。親が安い定食を頼んでいるそばで、自分が高級和牛ステーキを頼むなんてことは慣れっこなので、相手の懐具合を考えて注文する、といった気配りを期待すること自体に無理があるのです。

とはいえ、へんに遠慮をしない振る舞いは、〝裏表がなく堂々として気持ちがいい〟と、好印象を持つ人もいるかもしれません。であれば、いっそ彼女を見習って、豪華なステーキをオーダーしてみるのもアリかも！　ですね。

## 「もてる」とカンちがいしている人

ある中堅商社の総務部に、素晴らしいスタイルの美女がいます。彼女自身、自覚や自信があるのでしょう。男性を意識した服装や立ち居振る舞いが目立つ気がします。

開放的な性格も相まって、デートの誘いは日常茶飯事です。めったなことでは断らないらしく、喜んで応じてくれるそうです。ただ、問題なのは、彼女は思い込みが強いという点です。ちょっとつき合っただけで、「彼はもう自分のもの」とすぐに信じ込んでしまうのです。

もちろん、男性側は、「自分にとって都合のいい遊び相手」としか思っていないことがほとんどです。悪いウワサも飛び交っているとはつゆ知らず、彼女自身は、「次から次へと、みんな私に声をかけてくる」といった具合に、自分はモテモテだと思い込んでいるようなのです。

「○○商事のAさんからコンサートに誘われたの」

「Aさん、いつも優しくして、毎日でも会いたいって言ってくれるの。この感じだと今月中にプロポーズされるかも……。もう、心の整理が追いつかないわよ」

あたりかまわずのろけ話を繰り返します。ほどなくして、愛しのAさんからの連絡が途絶えても、すぐに新たな恋を見つけます。

「新しい彼ができちゃった!! いま、ラブラブなの。え、Aさん? あの人は少しシャイというか、押しが弱すぎて別れたわ」

このように、燃え上がった恋も、あっという間にリセットしてしまいます。

まわりから見れば、ただいいように遊ばれ、捨てられているだけ。でも本人は、「自分がもてている」と信じて疑いません。

ある意味うらやましくもありますが、それにしても、本人の思考パターンはどうなっているのでしょうか。メンタルが強いのか、究極のナルシストなのか、それとも単に考えることを放棄しているのか。まわりの人も彼女の今後が気になるみたいです。心から彼女を愛してくれる人と出会うのか、それとも遊ばれ続けていつか誰にも声をかけられなくなってしまうのか。答えは〝時のみぞ知る〟です。

# 香りプンプンの人

部長から「リーダーとしての役割を期待しているよ」と言われているのがBさん。

若いころは自称アイドル系で、かなりモテたということです。そんな彼も数年前に学生時代から付き合っていた彼女と結婚して、おなかがちょっと盛り上がったおじさん体型になってきました。もはやアイドル系とはいえません。

しかし、まわりの見立てをよそに、当の本人は、ちょっと歳のいったアイドル系だと思い込んでいるようで、身だしなみに気を遣い、お金と手間も相当かけている様子です。もちろん、誰にも迷惑がかからないことなので、文句は言いませんが、部長からすると、ひとつだけ我慢がならないことがあります。それはつねに漂わせているオーデコロンの香りです。

愛用者も多いという男性用のオーデコロンですが、それを職場でプンプン香らせているのはいけません。しかも、会社のトイレでスプレーし直しているらしく、部長はつねにその〝香害〟に悩まされているのでした。

部長が仕事帰りの居酒屋で大学の同期と飲んだときのこと。「いやあ、男の香水ってなかなかきついわ。ほんと参ってるよ……」（香水とオーデコロンを区別できていないのはご愛敬です）と愚痴まじりに言えば、「おいおい、そんなこと言ったら、うちの職場なんかビシッとメイクを決めてくる男だっているんだよ」と言われて唖然としました。彼の部下の一人は、うっすらとファンデーションをつけ、眉も整えているというのです。しかも彼の描く眉のラインはプロ顔負けというから驚きです。

ネットで、「男性用　眉のお手入れセット」と検索すれば、たくさんの商品が表示される時代です。「男性なのにオーデコロンとかメイクアップとかありえんだろ……」などと嘆き悲しんでいるのは、ただの時代遅れなのでしょうか。

部長は翌日、あらためて部下たちの顔を観察しなおしました。すると、今まで気がつかなかっただけで、なんと彼の部下にも、眉を整え、ラインを描き足していると思われる者がいることがわかりました。

後日、部長がそのことを話すと、Bさんに言わせればオーデコロンをつけるのは最低限のエチケットで、つけていないのはマナー違反と、諭されたそうです。果たして部長がメイクアップをする日なんてやって来るのでしょうか。

# 相手によって話がコロコロ変わる人

「課長の提案、すごくいいですね！　ボクも大賛成です」

ある小売店チェーンで働く人がいます。売上げ拡大のために、「これまでのスーパーマーケットでは取り扱いのなかった高額商品の新店舗を出す」という上司のプランに、全面的に賛同していました。

ところが、です。その一週間ほど後に開かれた別の会議では、別の上司に対して、「いやぁ、やっぱり物価高の時代だからこそ、庶民の懐にやさしい商品展開こそ我々の使命だと心から思います」と言っているのです。

こちらのプランは、徹底的に低価格路線に絞った庶民の店に作りかえるべきだというものです。高級路線とは180度方向を異にするのだから、上司は唖然とするばかりでした。

相手によって話がコロコロ変わる人がいます。あまりにも節操がなくて、この人はほんとうに信用できるのかな……と思われがちですが、意外と敵を作りにくく、目立たずにいつの間にか出世していたりするタイプです。

心理学では、このような人をセルフ・モニタリングが高いといいます。

自分の姿をモニター画面で見ている様子を思い描いてみてください。画面に映る自分の姿をチェックして、そのときそのときで、最も安全な行動をとるように、うまく自分をコントロールするイメージです。自分を客観的に見られるため、その時点で最も求められている方向に自分の言動を調整できるという強みを持っています。

「無責任で、相手に合わせるだけの人」のように思える行動も、視点を変えれば、柔軟で多角的な発想ができる、ということになります。

先ほど、意外と出世するタイプといったのは、そういうことです。どんな状況でも器用に立ち回るので意外と便利な人材で、組織にとっても必要不可欠なのでしょう。

ただし、何事も〝ほどよい加減〟が大切です。節操がなさすぎると、やがて誰からも信用されなくなります。といっても、それを表立って忠告できるわけでもないので、笑って見守りましょうか。

# とにかくノリがよすぎる人

「おお、このプラン、最高ですね！　テンションが爆上がりです！　思いっきりがんばりま〜すっ」

会議の席でノリノリ姿の彼、実はもう30歳を過ぎた中堅社員です。入社後、いくつかの部署を転々とし、二カ月ほど前に国内事業部に配属されました。

いくつになっても新人のようなハツラツさを見せる彼ですが、入社後、これといって成果を上げているわけではないことは、異動の多さが物語っています。現に、移って間もない部署で、まだ仕事のイロハもわからず、何をどうがんばるかさえ見当がつかないはずなのに、それすらわかっていない様子です。

上司がすこし嫌味っぽく、「じゃあキミなら、どんなふうに進めるのかな？」と話をふると、「ひたすらガムシャラにがんばる、それだけですよ」と、元気がいいだけでなんとも要領をえない答えが返ってきます。

このように、元気はあっても、実力がともなわない人がいます。周囲から見ると、かけ声だけは立派で実際は何もできていない、だけど本人はバリバリ仕事をしているつもりという、なんとも笑えない状況です。

仕事とは、本来きわめて地味なもので、コツコツと地道な努力を積み重ねてはじめて成果につながるということは、働くなかで自然と理解していくものです。ところが、いくつになっても、地道な作業を黙々とやるのはかっこ悪い生き方だと考える人は一定数存在します。

こんな人をうまく使うには、テンションを下げないように注意して、できるだけ具体的に指示を出すことです。〝豚もおだてりゃ木に登る〟というわけではありませんが、うまく持ち上げると、面倒な役回りも嫌がらずがんばってくれて、思いがけない結果を出すこともあるのです。

その一方で、冷めやすい側面を持つのがこのタイプ。一度興味をなくすと、「この仕事、ほんとうにやる意味があるんですか？」などといって、仕事の途中でも放り出してしまうこともあります。

しかし、熱しやすく冷めやすいを地で行くタイプで、いってみれば気分のムラが激しいだけです。ちょっとしたことをきっかけに、再びテンションが上がって、ノリノリで、新しく興味を持った仕事に熱中するはずです。

新しいプロジェクトのスタートアップメンバーに加えると、臆することなく、自信の持てる能力を発揮して活躍してくれるでしょう。

# 誰にでもタメ口の人

まるでモデルのような小顔とスタイルのよさを持ちながらも、気取ったところがまったくなく、誰にでも分け隔てなく接する女性がいます。急な仕事を頼んでも、「ハイ！」とイヤな顔ひとつせず気持ちよく応じてくれます。

ところが、気になるところがあります。それは少し軽いというか、オープン過ぎるという点です。

「これ、関西旅行のお土産なんですけどぉ、みんなに喜んでもらいたくて、ちょっと奮発しちゃいました。あとで感想聞かせてくださいねぇ～」

などと、ちょっと芝居がかった言い回しで話してくるのです。もっと困るのは、来客の際も同じ態度ということです。しかもタメ口を交えてくるのです。

「そのジャケット、なかなかセンスがいいですねぇ。でも合わせるシャツは柄が入っていない方がいいかも。（スマホをお客様に見せながら）こんな感じとかぁ」

誰が見ても美人なのは間違いないですし、おそらくこれまでモテモテの人生だったのでしょう。どんな場面でも、その男性慣れしたオーラを出してきます。「○○さんって引き締まった体型でほんとステキですね。女子社員の人気ナンバーワンでしょう」と、タメ口交じりに、仕事に関係のない話を繰り広げます。

「おい、ちょっとちょっと。ここは会社だよ、商談してるんだよ」

周囲は目くばせをして、無言のメッセージを彼女に送ります。ですが、彼女にそんなものは通じません。

そして、相手が鼻の下を伸ばしてデレッとしながら、「ちょうどキミくらいの若くて感性の高い女性がターゲットなんだ。じっくり意見を聞かせてくれないかな」などと言い出せば、自分の考えを堂々と話し出します。

もちろん、そこでの発言も裏表なしの本音モードです。

「意外かもしれないけど、私のようなタイプって、そんなに派手好きではないんですよ。むしろシブイものが好き。だから、商品の色は少しおとなしめの方がいいと思います」

などと、驚くことに、貴重な意見を提供してくれたりすることも。

礼儀を重んじるような人には難しいでしょうが、こんな破天荒なキャラクターも、「時と場合によっては貴重な戦力」と思えば、こちらの気も楽になるかもしれませんね。

# 第2章

# 常識が欠けている人

# 話が止まらない人

「ねえねえ、聞いて聞いて！」

「あのね、この前こんなことがあって……」

こんなふうに、自分の話に夢中になり、延々と話し続ける人がいます。なかには素敵な話術で周囲を魅了する人もいますが、大多数は、聞いている側にストレスを与える困った人たちです。

魅了する人とストレスを与える人には、「おしゃべりが好きな人」と「しゃべるのが好きな人」という大きな違いがあります。

「おしゃべりが好きな人」というのは、会話のキャッチボールを楽しみ、相手の話にも耳を傾けます。そして、話の内容よりも会話を楽しむ時間や、その場の雰囲気を大切にします。

一方、「しゃべるのが好きな人」は、自分の話を聞いてもらうことに喜びを感じ、相手の反応を無視してしゃべり続けます。自分の話に酔いしれて、一方的に情報を発信するばかりです。

「しゃべるのが好きな人」は自己顕示欲が強く、自分の話を聞いてもらうことで承認欲求を満たそうとしていると考えられます。また、共感能力が低く、相手の気持ちを察するのは苦手なようです。

では、このような「しゃべるのが好きな人」とはどう付き合えばいいでしょうか。

まず、会話の主導権を握られないようにすることが重要です。相手が話し始めたら、適度に相槌を打ちながら自分の話したい話題にさりげなく誘導してみましょう。

また、話題を変えるタイミングを見計らうことも大切です。相手の話が一段落したら、「そう言えば、この間こんなことがあって……」と、自分の話を切り出してみましょう。

それでも相手が話を止めない場合は、時間を理由に切り上げるしかありません。「話の途中ですが、ちょっと用事があるので……」と伝えれば、相手を傷つけずに会話を終えることができます。

コミュニケーションの基本は、お互いに気持ちよく時間を過ごすこと。「しゃべるのが好きな人」との関係は一方的で、テレビやラジオで面白くない番組を強制的に視聴させられているようなものです。

もし、あなたがいつも一方的に話を聞かされてストレスを感じているなら、勇気を出して距離を置くことも検討しましょうか。自分自身の心の健康を守る方が大切だからです。

誰でも「しゃべるのが好きな人」になってしまう可能性はあります。だからこそ、常に相手の気持ちを考え、お互いが気持ちよくなれるコミュニケーションを心がけることが大切なのです。

# とりあえず否定する人

「でも、そんなにうまくいくとは思えないんだけど……」
「それは理想論じゃないの？」
「考えすぎだよ」

このように何を言っても否定的に受け止める人がいます。その人の評判はどうでしょうか。また、あなた自身はどう評価していますか。

結論を言ってしまうと、否定的な態度で話を受け止める人が高い評価を受けたり、よい印象を持たれるケースはほとんど見かけません。

たとえば、あなたのチームが部長に花見の計画を任されたとしましょう。あなたが定番の場所を提案したところ、同僚が「そこは混むに決まってる。人が集まらない穴場を探そうよ」と反論しました。そして提案したのは、桜の木が数本しかない小さな公園でした。しかも、否定のダメ出しはその後も延々と続きました。

「えっ、おでんをコンビニで買っていくだって!?　冷めたおでんは興ざめだから、カセットコンロを持っていくべき」

「おにぎりや焼き鳥もコンビニはダメ～！　おにぎりは△△屋で、焼き鳥は麻布の名店にかぎるでしょう」

と、具体的な店まで指定してきました。

買い物担当は限られた時間のなか奔走し、カセットコンロを自宅から頑張って持参する人も。さらに、先発隊が敷いた花見用のシートも敷き直すことになったため、険悪な雰囲気にもなりました。

それでも盛り上がれば「結果オーライ」でしたが、数本のサクラでは花見気分もいまひとつ。後日、あなたは部長に呼ばれ、「来年はもうちょっとマシなところを選べよ」と言われ、文字通り踏んだり蹴ったりでした。

このケースのように、否定的な態度で自分の意見を押し付けるのは、「自己顕示欲」が強い証拠です。自分の考えが正しいと信じ、他者の意見を認められないため、否定的な言葉で相手をコントロールしようとするのです。

しかし、社会においては多様な価値観を認め、互いに尊重し合うことが求められます。否定的な態度や意見ばかり示していたら、良好な人間関係を築くのは難しいでしょう。

では、否定的な態度の人とうまくコミュニケーションをとるには、どうすればいいのでしょうか。

まず、相手の意見を頭ごなしに否定するのではなく、共感することです。「たしかに、その意見も一理ありますね」「あなたの気持ちもわかります」といった言葉をかけると、相手は自分の意見を受け入れてもらえたと感じ、安心感を得ます。

そのうえで、自分の意見を述べる際には「一方で、こんな考え方もあります」「別の角度から見ると、こうも考えられます」といったように、相手に選択肢を提示する形で伝えると効果的です。

会議で意見が対立した場合も、「あなたの意見も理解できます。ただ、今の状況を考えると、こちらの案の方がリスクが少ないのではないでしょうか」のように、相手の意見を尊重しつつ、自分の考えを提案して、建設的な議論へと発展させるのです。

また、近年注目されているアサーティブ・コミュニケーションを使うのも有効です。これは、自分の意見や気持ちを率直に表現し、相手の意見も尊重するコミュニケーション術です。「私はこう思うのですが、あなたはどう思いますか」というように、自分の意見を主張しながら相手の意見も聞く姿勢を示せば、お互いに理解を深め、良い結論を導き出せるでしょう。

# なかなか仲直りできない人

「キミとは絶交だ！」
「二度とあんたの顔なんか見たくない！」
「お前、何様のつもりだよ。ふざけんな！」

子どもの頃だけではなく、大人になってからも何度もこんな言葉を口にし、友人と衝突を繰り返してきた人もいるはずです。

人によって価値観や感じ方が違うのは当然ですから、他人との衝突を完全に避けるのは無理です。だからといって衝突したままにしておくと、人間関係はどんどん狭まっていきます。そうならないために大切なのは、衝突した後に、しっかり仲直りすることではないでしょうか。

仲直りは人間関係に欠かせない重要なスキルです。しかし、学校では教えてくれません。では、どうすれば上手に仲直りできるのでしょうか。

当たり前かもしれませんが、心理学の世界では「謝罪」が最も効果的な方法だとされています。「謝罪」は自分の非を認め、相手に歩み寄る姿勢を示す行為です。素直に謝れば相手の怒りや不満を鎮めることができ、関係修復への第一歩を踏み出せます。

ところが世の中には、「なんで私が謝らなきゃいけないの」「悪いのは相手でしょ」と、謝ることを拒む人も少なからずいます。プライドが高い人によく見られる反応で、彼らは謝ることを「負け」と捉え、自尊心を傷つけられたと感じてしまうようです。

しかし、こんな態度では状況は悪化する一方ではないでしょうか。

「聞くは一時の恥、聞かぬは一生の恥」ということわざがありますが、仲直りも同じで、「謝るは一時の損、謝らぬは一生の損」です。少しの勇気を出して謝れば、より大きなメリットを得られるはずなのです。

プライドの高い人に伝えたいのは、謝るのは、自分の器が大きいと示すチャンスと考えること。「なんで私が……」と思っても、その行為が自分にとってプラスだとわかれば、ずいぶんと謝りやすくなるのではないでしょうか。

面と向かって謝る気にならないなら、ひとまずSNSで謝罪してみてはどうでしょうか。メッセージやコメントで謝罪の気持ちを伝えるくらいならできるでしょうし、そうしておけば、後日、衝突した人と顔を合わせたときにも、わだかまりは少なくてすみます。

ただし、ＳＮＳには内容が先鋭化しやすいという特徴があるので、感情的な言葉や一方的な主張は絶対に避け、誠意ある謝罪を心がけなければいけません。

「ピンチの後にチャンスあり」といわれますが、衝突の後の仲直りも人間関係をさらに深めるチャンスです。衝突を乗り越えてお互いの理解を深め、より良い関係を築けるはずです。「ごめんね」の一言で、あなたの世界が大きく広がると考えましょう。

# 他人の企画を受け入れられない人

最近急成長しているベンチャー企業で働いている男性がいます。ベンチャー企業だけあって、社内ではアイデア競争が盛んで、成功報酬も与えられるため、企画が採用されるかどうかで年収が大きく変わるそうです。

若い彼も積極的に企画コンペに参加し、最終選考に残ることもありましたが、いつもあと一歩のところで採用に至りません。本人はこれに納得がいかず、採用された企画よりも自分の企画の方が優れていると上司に訴えることもありました。

「なぜ私の企画がダメなのでしょうか？　理由をもう一度説明してください」

上司がうっかり「たしかにキミの企画の方が良い点もあるかもしれないね」などと持ち上げてしまうと、その言葉を盾に、さらに上の役職に直訴します。

「課長も私の企画の方がずっと良いと認めています。今からでも私の企画に切り替えてください」

彼はどんなときでも自分が一番だと信じ、他人の意見を受け入れることができません。これは、最近の若者によく見られる傾向です。家庭や学校で大切に育てられた結果、自分以外の存在を認められない人が増えています。

自分のアイデアに自信を持つのは素晴らしいことです。ただし、他人の意見に耳を傾け、柔軟に対応することも必要です。会社で仕事をする以上、自分の意見だけを通すことはできません。時には妥協したり、他の人の意見を取り入れたりして、より良いものが生まれるのです。

こういうタイプの人は、自分の意見を主張するだけではなく、相手の意見も尊重する姿勢を学ぶ必要があります。そうすると、より円滑な人間関係が築かれ、仕事でも成功を収められるようになるのではないでしょうか。

# リアルな会議で意見を言えない人

ＩＴ化が進み、ほとんどの企業で社内外との連絡や打ち合わせにチャットやメールが使われるようになりました。しかし、若手のなかには、目の前にいる相手に簡単な用件を伝える際にもチャットやメールを使うため、「手が届くような距離にいるのだから、口頭で伝えればいいのに」と、違和感を覚えている人も多いのではないでしょうか。しかし、これが時代の変化というものですから、違和感を覚える人の方が慣れなければなりません。

コロナ禍以降は「密」を避けるため、会議もビデオチャットで行われるようになりました。最近はリアルな会議が行われる割合も増えてきたようですが、このようなハイブリッドな状況で、ある問題が起きています。ビデオチャットでは活発に意見やアイデアを発信していた人が、リアルな会議では一言も発言しないケースが増えているというのです。

ビデオチャットやメールは一見、双方向のコミュニケーションツールに見えますが、実際はそうではありません。リアルな会議で発言した場合はその瞬間に参加者全員から注目され、反論や質問を受けたらすぐさま対応しなければなりません。しかし、ビデオチャットやメールの場合は「全員の注目を集めている」という意識が希薄ですし、反論や質問に対応する時間的猶予もあります。おそらく、ビデオを含むチャットやメールでしか意見を言えない人というのは、自意識過剰で傷つきやすいのでしょう。

しかし、これもまた「時代の変化」ですから、ある程度は受け入れるしかありません。そもそも、「下種《げす》の後知恵」という言葉があるように、時間をかけて考えればより良いアイデアが浮かぶものです。リアルな会議後にチャットやメールでアイデアを送られてもタイミング的には遅いかもしれませんが、それが良い意見ならば、次の会議のときに「先日の会議の後に○○クンからこういう提案がメールでありまして……」と、どんどん提案を採用してしまえばいいと思います。社員がやらなければならないのは会社の業績を上げることですから、「良いものは良い」と割り切るしかありません。

ただし、チャットやメールにも弱点があります。たとえば、感情やニュアンスが伝わりにくいというのもそう。重要な話や誤解を招きやすい話は、直接会って話すようにするべきです。

また、チャットやメールでしか意見を言わない人は傷つきやすいため、そのタイプの人とやりとりする場合は、相手を傷つけないよう、言葉遣いや表現に特に気をつけなければなりません。

IT化が進む現代社会では、チャットやメールでのコミュニケーションは避けて通れないため、それらの特性を理解し、適切に使い分けることがより重要となります。それが、若手と円滑な人間関係を築くためのコツといえるでしょう。

ただし、自意識過剰で傷つきやすい〝症状〟が進むと、「恥をかいたり傷ついたりするのは嫌だが、自分の意見だけは認めてほしい」という自己中心的な考えに至ることがあるため、そうならないよう、ある程度の操舵は必要です。

# なんとか自分の話に持っていこうとする人

前述した通り、少子家庭で育った人が増えています。そのせいでしょうか、他人の話に共感したり、話を広げたりすることが苦手な人が増えているような気がしてなりません。

ある小さな輸入販売会社では、従業員の誕生日が来ると、社長の計らいで社員全員でディナーに出かけることになっていました。小さな企業で、満足な福利厚生が提供できていないという自覚が社長にあったため、「こうした席を設けるのはその穴埋め」という意識だったようです。

6月に入りました。今月はK子さんの誕生日があり、社内では自然と彼女が中心になる会話が増えました。

「今月はお誕生日の月ですね。おめでとうございます！」

「たしか広島の出身ですよね。最近、東京でも広島風お好み焼きが人気だから、今月のディナーはお好み焼きかな」

ところが、そこにT子さんがいると話がうまく進まなくなります。

「あら、お好み焼きと言えば大阪でしょう！」

と、大阪出身でもないのにT子さんが割り込んでくるのです。

他のみんなが話をK子さん中心に戻そうと、「K子さん、最近お気に入りのアーティストはいるんですか？」と聞いても、T子さんが先に口を開き、

「K子さんはK‐POPが好きなのよね。私の推しとは違うグループだけど」

と、すぐに自分の話にすり替えてしまいます。しかも、T子さんは周囲がうんざりしていることにも気づいていない様子なので始末が悪いといいます。

このように、常に自分が話題の中心にいないと気がすまない人は、おそらく幼い頃からずっと家族の中心として扱われてきたのでしょう。こうした自己中心的な考え方を「自己中心性バイアス」と呼びます。自分が絶対的中心なので、「天動説人間」と言い換えてもいいでしょう。

天動説人間には、こちらも負けじと自分の話に持ち込む以外に対処法はないと思っている人が多いと思います。しかし、それでは話がまったくかみ合わなくなってストレスだけが増していきます。

そこで、このような人がしゃべり始めたら、相手の話を聞き流しながら、自分の話をする

いなタイミングを待ちましょう。相手は自分の話に夢中で、聞き流されているなんて思っていないため不満は感じません。みんなで「あの人のおしゃべりは番組中に入るＣＭ」だと考え、しゃべり終わったら先ほどの話題に戻ればいいのです。

「面倒くさい」と思うでしょうが、天動説人間と接するためにはある程度の忍耐と戦略が必要です。会社の同僚のように避けられない存在の場合は、このように対処するしかないのですから、「ＣＭ」と考えてください。こうすれば、ずいぶんとストレスも減るはずです。

## マニュアルが絶対な人

「なぜ現場で臨機応変に対応しないんだ！」

上司は激怒していますが、なぜ叱られているのかよく理解できない人がいます。損害保険の事故処理担当で、契約者から事故の連絡を受けると現場に駆けつけ、対応するのが仕事という男性も、そんなタイプです。

自動車事故というのはそれぞれ状況が異なり、同じケースはひとつとしてありません。しかし、この人の対応は常にマニュアル通りで、臨機応変な判断ができず、契約者からよく苦情が寄せられていました。

上司に叱られても真面目な顔をして、「それは……どこに書いてあることでしょうか」と、マニュアルを開こうとします。マニュアルにすべての答えが書いてあると思い込んでいるのです。呆れた上司が「マニュアルはあくまで指針だ。現場に応じた対応ができないと、いつまでたっても一人前になれないぞ」と言っても、首をかしげるばかりです。

これは、幼い頃からテレビゲームやパソコンゲームに長時間触れて育った人によく見られる傾向のようです。最近のゲームは操作方法やシナリオが難しいので、マニュアルがないとうまくできません。そこで、マニュアルを重視して、マニュアルにないことは考えなくなってしまう……というわけです。

もともと「マニュアルは現場に出る前に熟読しておくものだよ。現場にはマニュアルを持ち込まず、臨機応変に対応すべき」と伝えたいところですが、彼らはマニュアルを手放すと不安になり、満足に仕事ができなくなってしまいます。

彼の上司は、従来のマニュアルにない事例をまとめたノートを作り、「○○用マニュアル」と表紙に書いて渡しました。そのノートの最初の項目には「マニュアルはすべてではない」と書いたそうです。

上司は嫌味のつもりで作ったものでしたが、マニュアル絶対人間は、表紙に「マニュアル」と書いてあるだけで、そのノートの内容を一生懸命実行しようとしました。おかげで、仕事はスムーズにいき、苦情は激減したそうです。つまり、マニュアル人間には、こんな小細工でも効果的というわけです。

最近は、さまざまな分野でマニュアル化が進み、多くの情報が簡単に手に入るようになりました。しかし、マニュアルに頼りすぎると、自分で考える力や判断力が低下してしまうのは明らかでしょう。時にはマニュアルから離れ、自分の頭で考え行動することが、新たな発見や成長につながるのではないでしょうか。

# 自分を「○○的」と言う人

ビジネスシーンでも、自分のことを「○○的」と呼ぶ人が増えているように感じます。「ワタクシ的にはこう思う」「田中的にはノーですね」といった表現をする人は、潜在意識下に「自分に注目してほしい」という強い欲求を持っているようです。

さらに深掘りすると、「自己撞着」の傾向があるともいえます。自己撞着とは、自分へのこだわりが過度に強い状態で、幼い子どもが自分を「○○ちゃん」などと呼ぶ姿に似ています。幼い子の場合、自己と他者の境界線が曖昧で、こうした話し方になると考えられています。大人がこのような話し方をする場合も、自己と他者の区別ができていない可能性がありますから、幼い子どもと同じように他人を尊重したり異なる意見を受け入れるのが苦手な傾向がある人だと考えた方がいいでしょう。

また、話すときに、いちいち自分の名前を最初につけて「田中はこう思います」という表現を使う人もいます。このタイプは「自己肥大」の傾向が見られます。

過剰な自信を持ち、自分の意見が絶対だと信じて疑わない状態のことです。そのため、このタイプが提案した意見を頭ごなしに否定するとトラブルが起きる可能性があり、イエス・バット法などを使ってやんわりと否定しましょう。

女性の場合は、さらに複雑な心理が働いているケースがあります。たとえば、女性が「田中（苗字）的には……」と言う場合は、男性と同等に能力を認められたいという願望が強いと考えられます。一方、「花子（名前）的には……」と言う場合は、女性としての魅力を認められたいという欲求を隠している可能性が考えられます。

ビジネスシーンで「花子的には……」と話す女性は稀《まれ》だと思いますが、合コンの席などで、「花子的には……」を連発する女性や、いちいち「田中はこう思うんだけど……」という男性を見かけたら、たとえ見た目が好みのタイプだったとしても要注意です。なぜなら、どちらも付き合い始めると、だんだん自分のペースに巻き込もうとする可能性が高いからです。

世の中には「振り回されるのが好き」というちょっと変わった嗜好の人もいらっしゃるようで、そんな人にはおすすめの相手かもしれませんが。

# 命令を無視するわがままな人

「ちょっと、きみ」

と、上司が声をかけても、その人はパソコン画面に集中し、キーボードを叩く手を止めません。どう考えても聞こえている距離から話しているのですから、もしかしたら無視しているのでしょうか。そう考えた上司は、思わず大きな声を出してしまいました。

「ちょっと！　さっきから呼んでいるのが聞こえないのかね！」

この上司は、大人げない対応だったと後で大いに反省したそうですが、苛立った気持ちもわかります。なぜなら、当人はそれでも作業を止めず、視線もあげないまま、「すみません、今忙しいので後にしてもらえませんか」と言ったとか。

同僚同士の会話ならまだしも、相手は上司です。このような態度を取るのは、はっきり言って常識外です。

もしかすると、この人はエンペラー症候群なのかもしれません。エンペラー症候群とは、自分が集団の中で一番偉いとか、何を言っても周囲は自分の言うことを聞くべきだと勘違いしてしまう状態を指します。まるで帝王のように振る舞うので「エンペラー症候群」と呼ばれています。

実はこれは、甘やかされて育ったペットの心理反応を指す言葉です。しかし、最近増えている横柄な若者を見ていると、彼らも「エンペラー症候群に違いない」と思えてなりません。おそらく、家庭内で一番偉い存在で、家族はいつも彼の言う通りになっていたのでしょう。しっかり躾けられる機会を失い、ただただ甘やかされて成長したわけですから、むしろ被害者と言えるかもしれません。

そう考えた上司は二度と苛立ちを見せなくなり、本人のためにも今のうちにこの態度を改めてもらおうと考えました。このままでは、どの部署に行っても使い物にならないと言われ、最終的には行き場がなくなってしまうのが目に見えていたからです。

そこで、冷静に、「忙しいって、今何をやっているの?」と聞いたうえで、仕事には優先順位があることを根気よく教えています。上司にとってはストレスフルな作業だと思いますが、本人の将来のためにも諦めずに指導を続けてほしいと思います。もし同じようなタイプの人に遭遇したら、このように優しく対応してあげてほしいと思っています。

# 催促されないと報告しない人

「そう言えば、昨日の商談、どうなったの？」

「はい、なんとかこちらの言い分をのんでもらえました。納期もこちらの要望通り、来月末でいいそうです」

「そうか、頑張ったね。でも……なぜすぐに報告してくれなかったの？」

「でも課長、今はじめて聞いたんじゃありませんか」

えっ、こちらから聞かないかぎり報告しないつもりだったの……と、課長は絶句したそうです。仕事の基本は「ホウ・レン・ソウ」。報告、連絡、相談の「報連相」です。時代遅れだ、と言う人もいますが、それでも今も新入社員研修で教わるはずです。ところが、最近の若手社員は研修で教わったこの「報連相」が、仕事先から戻ったら用件の結果を上司に報告することと結びつかないようなのです。

最近の子どもたちは、幼い頃から母親の質問攻めにあって育っているのが多いと聞いたこ

とがあります。母親は、子どもが幼稚園や学校から帰ると、

「今日は何を習ったの？　それであなたはどう答えたの？」

「あのね、僕、こう言ったの……」

「そしたら、先生は何て言ったの？」

と、まるで尋問のように細かく聞き出しています。

そして、こんな環境で育った人の心の中は「大人は聞きたいことをしつこく聞いてくるものだ（だから、聞かれなければ答えなくていい）」となってしまうのでしょう。

それは、ファミリーレストランなどでよく見かける、子ども連れのお母さんの様子を観察しているとよくわかります。

「カレーにする？　唐揚げ？　それともお寿司にしようか」

すべての選択肢を母親が提示してくれるから、子どもは適当に頷けばいいだけです。こうした日常会話や習慣も、自分から発信しない人を増やしているのでしょう。

でも、ビジネスの世界では、指示待ちではなく主体的に行動し、情報を共有することが求められます。「報告する意識を常に持つように」と教えなければいけません。

# 失敗があっても反省しない人

仕事で失敗すると、誰でも言い訳の一つや二つはしたくなるものです。それでも本心では「みんなに迷惑をかけて申し訳ないことをした」「二度と繰り返さないぞ」などと反省しているものです。

ところが、なかには言い訳をしながら自分のことを高く評価してしまう人もいます。

イベント会社に勤めるF子さんは、大企業と契約できなかった際に、上司にこう報告したそうです。

「自分で言うのもなんですが、ここまでよく頑張ったと思います。だいたい、うちの会社レベルで大企業の受注を取るなんて無理な話だったんです。一流の代理店と一緒にコンペに参加できただけでもすごいですよ」

これと同じようなことを言う人が、あなたの周囲にもいるかもしれません。失敗しても悲観的に考え過ぎないのは、どちらかといえば良いことです。ただし、それは失敗した原因をしっかり見つめて反省したうえでの場合です。このような発言をする人は反省する気持ちが希薄で、失敗を自分以外の要因のせいにしたがります。だから、同じ失敗を繰り返すことになるのです。

失敗したにもかかわらず「ここまでやれれば大したものだ」と、自分を高く評価する心理を甘いレモンの論理といいます。結果が期待通りではなかったときに、その結果を正当化したり肯定的に解釈したりすることで、自己評価を維持しようとする心の動きです。

「甘いレモンの論理」は、自己肯定感の維持や心の安定に役立ちますが、過度になるとエリート意識が強くなりすぎ、自分を過大評価するようになります。常に他人に認められたいという欲求が強く、認められない場合には「あの人に私の本当の価値がわかるはずがない」と、相手のせいにするのです。

実はこのタイプの人は、自分でも心の奥底では「自分の実力はそれほどではないかも」と薄々感づいてはいます。ただ、それを認めたくないので、「時間が足りなかった」「たまたま競争相手が強かった」「負けてよかった」のような発言を繰り返すわけです。

人間は本来、成功よりも失敗から学ぶことが多いものです。しかし、最近の親は子どもが失敗することを許さず、認めない傾向があります。その結果、「甘いレモンの論理」の考え方をする人が増えているのではないでしょうか。

失敗は成長のチャンスなのです。自分自身の弱点や欠点、問題点を素直に認めた方が、より大きな成功を摑めます。周囲に「甘いレモンの論理」で考えがちの人がいたら、そう教えてあげましょう。

## ハウツー本を鵜呑みにする人

社内会議に出す企画書なら、一般的には、モノクロプリンターで印刷しただけのシンプルなもので30分でしょう。ところが、Sさんの企画書は、黒の用紙に特殊な白文字で印刷され、表紙まで付いていました。「おっ、ずいぶん頑張ったものだな」と、管理職たちが期待して手に取ってみると、中身はありきたりな企画でした。課長は呆れたように、

「社内向けの企画書は、ここまで体裁に凝らなくてもいいんだよ」

と話しました。

課長は「企画書は体裁ではなく中身で勝負するもの」と伝えたつもりなのですが、うまく伝わらなかったようで、Sさんは課長から直接、コメントをもらえたことに大喜びして舞い上がってしまったそうです。

その結果、お昼休みになると同僚に向かって、

「実は『成功するビジネスパーソンになる』というハウツー本を愛読しているんだ。あの本

はいいよ！　絶対おすすめ。でも、僕以外が〝成功するビジネスパーソン〟になられても困るんだけどね。ハハハ」

などと得意げに話していたそうです。

「実は、あの黒い企画書もこの本に書いてあったんだ。『みんなと同じような企画書は提出するな。企画は個性で勝負しろ』って。かなりインパクトがあったようで、課長にも一言もらえたから、大成功！」

こりないSさんは、その後も毎朝、新聞の注目記事にマーカーで印をつけて課長のデスクに置いたり、課長がちょっと話題にしていた本を買って渡したり、細やかな気配りを欠かしませんでした。ただ、そのすべてが『成功するビジネスパーソンになる』からの受け売りなのでした。

この本はベストセラーで、多くのビジネスパーソンが一度は目を通したことがあるもの。もちろん、課長もです。そのため、Sさんの行動が模倣なのは社内中にバレバレで、陰では笑われていましたが、本人はそれにまったく気づいていません。

このようなハウツー本に書いてあることはあくまで一例です。本来はそこからヒントを得て、読者自身が自分なりの個性で発展させるべきなのです。著者もそう思って書いているはずです。

しかし、Sさんは今日も本に書いてあることをただ模倣しただけの〝個性〟を発揮し、自分だけが輝いていると信じています。これがいかに恥ずかしいことかを理解できる日が来ればいいのですが……。

# 呼びかけても返事をしない人

「息子ったら、私のことをまったく相手にしてくれないんです。呼んでも返事もしないんですから」

「うちも同じです。何度呼んでも返事がないので、『なんで返事しないのよ。声が聞こえないの?』と言うと、『いや、聞こえてるから安心して』ですって。怒る気も失せて笑っちゃいました」

中学生や高校生の子どもを持つ親たちが、こんな愚痴をこぼしているのを耳にしたことがあります。

たしかに、昔なら名前を呼んでいる親に対して「聞こえてるよ」などという返事をしたら、厳しく叱られたものです。親に対してこんな返答をしても許されてきた子どもたちが成長し、社会人になっています。そのため、社内でも返事をしない人が増えているのでしょう。たとえばCさんもそう。

上司が「C君」と呼びかけても返事がありません。もう一度、

「ちょっと、C君！」

この段になって、ようやく顔だけ上司の方に向けます。その顔には、「仕事中なんですが、何？」という表情が浮かんでいます。当然、返事はまだありません。昔ならここで、「呼ばれたら返事くらいするものだろう！」と説教が始まったはずです。

しかし、彼らにも返事をしない理由があるようです。たとえば、「名前を呼ぶなら、その理由も一緒に言ってほしい」とか「たいした用でもないのに、なんで名前を呼ぶんだ。こっちは仕事中だ！」と思っているようなのです。

たしかにコミュニケーションでは、何を求めているのかを伝えることが重要。そこで、某部長は、人を呼ぶときには必ず用件も一緒に伝えることにしたそうです。

「C君、仕事中に申し訳ないんだが、この前の見積書の概算は出ているかな」といった具合です。

こうすれば、相手は何を求められているのかがわかり、「はい、できています」や「すみません、まだ途中です」など、適切な返事が返ってくる確率が高くなります。

# 「できません」ですませる人

毎年、新人が入る季節になると、中堅の人たちは「また胃が痛くなるな」と顔を見合わせます。最近の新人は積極性に欠けていて、仕事を任せると、

「やったことがないので、できません」

と、あっさり白旗をあげてしまうことが多いのです。

もちろん、難しい仕事を与えているわけではなく、それぞれの能力を考えて割り振っています。さらに、仕事のやり方や手順を口頭で伝えたり、マニュアルを見て処理するように指示しているのですが、

「やったことがないもので……」

という決まり文句が返ってくるばかりで、いつまでも躊躇していて取りかかろうとしません。

ついに堪忍袋の緒が切れて、

「とにかく、やってみて。やってみなければ、どこがわからないかもわからないよ」

と、声を少し大きくすると、萎縮して固まってしまいます。

どんな仕事でも、最初は誰だって「やったことがない」でしょう。しかし、そんなことを言っても、こちらが疲れるだけですし、パワハラ扱いされるでしょう。

初めてのことは、親や先生が目の前でやり方を見せてくれるのが当たり前だったため、やったことのない仕事を目の前に置かれ、「これをやって」と言われても戸惑ってしまうのです。

その様子を見て、「最近の若手は無気力で困る」と愚痴る人も多いようですが、実は無気力でもやる気がないわけでもなく、ただ戸惑っているだけです。やったことがない仕事をいきなり「やれ」と言う上司の方が彼らからすれば難題を押しつけているわけです。

人は「心理的安全性」が確保された環境でこそ、安心して新しいことに挑戦できるといわれています。つまり、失敗を恐れずにチャレンジできる雰囲気作りが大切です。そこで、こうした場合は先輩社員がメンター（助言や指導で、精神的なサポートする人）として寄り添うことが必要です。一緒に作業をしたり、丁寧に指導したりする時間を設けるのです。

さらに、「上手じゃないか」「なかなか筋が良いね」などと褒めてモチベーションを高めることも大切です。この世代は傷つきやすいので、どんな場合でも相手を褒め、上手に乗せる術を身につけましょう。これまでの上司や先輩にはやる必要がなかった余分な仕事でしょうが、これからの時代、新人を成長させるためにはやる必須の気配りといえます。

# 「ていうかぁ」が口癖になっている人

「あのう、昨日課長がおっしゃっていた件ですが、もう一度確認してもよろしいでしょうか」

「ああ、どの部分がわからなかったの」

「えーっと、わからないというより、少し納得できないというか……。課長のご意見は、少し一方的というかぁ……。個人的には、サブにつくのは気が進まないというかぁ……」

本人の強い希望で企画部に配属された人がいます。優秀な女性のようですが、ベテランのアシスタントにつくよう課長が伝えことが不満なようです。

でも、これは能力を疑っているための対応ではありません。どんなに優秀な社員でも、最初の一、二年は先輩社員のサポートにつき、仕事の流れをしっかり覚えてから独り立ちしてもらうというのが、この会社の慣例でした。しかし、彼女は先輩のサポートをすることに納得がいかないようです。おそらく、プライドが許さなかったのでしょう。

上司としては、「そういった慣例なども含めて仕事を理解してもらえれば、会社を代表するようなプランナーになれる」と期待していました。しかし、言葉遣いを聞くうち、「それは無理かもしれない」と感じ始めたそうです。

なぜなら、今回の不満も含めて、彼女の口からは「っていうかぁ」や「……なんか」「……とか」のような、ある種の婉曲表現ばかりが出てくるのです。「あなたの得意なジャンルは何？」と聞けば、「アイデアを考えるとかぁ、企画を練るとかぁ……。なんか考えたり、オリジナルなことをやったりとかぁ……」などという答えが返ってきます。

このような言葉遣いをする人は、単なる言葉の流行を真似ているわけではありません。こういった婉曲表現を多用する人は自己防衛本能が強く、ナルシスト傾向があることを表しています。

自分の意見を直接的に表現することを避け、曖昧な言葉で相手を煙《けむ》に巻こうと考えています。そのため、本音がどこにあるのかつかみづらく、コミュニケーションが円滑に進みません。

こんな人とうまく仕事をするコツは、相手の言葉の裏にある真意を聞き出すこと。曖昧な発言に対して「具体的に言うと？」「それはどういう意味？」などの質問を重ねるうちに本音を聞き出すことができるでしょう。

また、このタイプの人はプライドが高く、批判されることを極端に嫌います。頭ごなしに否定したり命令口調で話したりせず、共感や理解を示しながら、丁寧にコミュニケーションを取らなければ人間関係をうまく築けません。

この上司は早くもさじを投げかけているようですが、彼女の能力や可能性を最大限に引き出すためには、根気強く向き合い、信頼関係を築いていくことが必要です。

# 無駄話が苦手な人

「仕事や勉強には目的や目標があるけれど、世間話は何も生み出さないさ。まさに無駄話そのものだ」と考えている人もいると思います。しかし、世間話や無駄話というのは、人間関係を築くうえで、レンガとレンガをつなぐセメントのような役割を果たしています。

ところが、最近はこうした無駄話が苦手な人が増えているようです。

入社二年目のSさんは、打ち合わせなどでは積極的に発言し、独創的な意見も出せる優秀な若手です。ところが、先輩が「食事に行こう」と声をかけると、明らかに「気は進まないけど先輩に誘われたから仕方がない」という態度を隠そうともせず、うつむいたまま黙ってついてきます。そして、「何が食べたい？」と聞いても、「特に……」と小さな声で答えるだけです。

無言のままお店へ入って向かい合って座り、「実家から通ってるの？」とか「もうすぐ連休だけれど、どこか行くの」など、たわいのない世間話を振ってみても、「ええ、まぁ……」と答えるだけ。ランチタイムは30、40分ほどですが、この短い時間でも会話が続かず、誘った先輩や同僚たちは困惑するばかりだそうです。

よく考えてみると、彼らの世代は、子どもの頃から友達と〝なんとなく〟遊ぶ機会が少なく、小学校低学年でも、お互いにきっちり約束をしてから相手の家へ遊びに行ったり、家へ来てもらったりしているそうです。しかも、「今日は○○君とゲームをする」「今日は××ちゃんとビーズでブレスレットを作る」といった目的がないと、親に許可をもらえないケースが多いとか。

この結果、とりとめのない無駄話でお互いを理解し、関係の距離を縮めていくのが苦手な人が増えてしまったようなのです。

おそらく、対人関係への不安や恐怖があるので、他人との関わりを避けているのでしょう。このような人の気持ちを解きほぐすには、気まずさを我慢して根気強く話しかけなければなりません。相手が極度に緊張しているのか、少し緊張がほぐれてきたのかを観察しながら、無駄話に徐々に慣れてもらうようにします。すると、少しずつ無駄話の相手ができるようになっていくはずです。

ここまで気を遣わなければならないなんて、面倒くさい話ですが、自分から助けを求めるのが苦手なため、周囲がサポートしてあげなければ、いつまでも態度は改まりません。

# お会計で姿を消す人

景気は回復しているといいますが、ありとあらゆるものの値段が上がっているので、ビジネスパーソンの懐事情は以前と変わらないか、悪化しています。そのため、飲み会での割勘は当たり前になっています。

ところが、どこの職場にも、なぜかお会計のときになると必ず姿を消してしまう人が一人くらいはいるようです。

トイレに行くふりをして戻ってこなかったり、「家に『これから戻る』とLINEしないと」などと先に店外へ出てしまったり……。「偶然」や「たまたま」もあるでしょうが、残念ながら「代金を支払わず済ませたい」と考えているケチな人の方が多いようですね。

こんな人を、フリーライダーと呼んでいるとか。これは、集団の中にいて一人努力せずに利益だけを得ようとする人のことです。

言うまでもありませんが、フリーライダーは周囲に金銭的な負担を増やします。金銭的問題も重要ですが、このようなズルい行動を放置しておくとグループ内の不公平感が募り、信頼関係も崩れ始めるため、とても厄介な存在です。

では、フリーライダーがいる場合、どう対処すればいいでしょうか。

基本は、「逃げ得」を許さないことでしょう。飲み会の翌日や翌週になってしまうと、「○○からまだお金もらってなかったけど、今さら取り立てるのもなあ。まっ、いいか」という雰囲気になりがちですが、これではフリーライダーの思うつぼですから、必ず本人に支払いを促すべきです。「昨夜のお会計、まだだよね？」「先週末の飲み会の代金、一人5000円ね」などと、はっきり伝えましょう。

それでも支払いを渋るなら、残念ながら付き合い方を変えるしかありません。グループ内の人間関係を良好に保つためにも、次回の飲み会には誘わない方がいいでしょう。

また、飲み会の前に「今日は割り勘だからね」と、フリーライダーを含めた全員にしっかり伝えておくのもいいでしょう。全員が同じ認識を持てば、お会計時のトラブルを未然に防げます。

割り勘アプリを活用するのもおすすめです。参加者がアプリにあらかじめ登録しておき、自動的に割り勘金額を計算してアプリ経由で支払う仕組みもあるので、「計算している間に逃げられる」ということもありません。

「そこまでしなければならないの……。あくどい借金取りになったみたいで気が引ける」と、思うかもしれません。たしかに、お金に困っている人から取り立てるなら後ろめたさを感じてもいいでしょう。しかし、相手は会社の同僚ですから同レベルの給料はもらっているはず。フリーライダーは自分勝手に「お金を払いたくない」と思っているだけですから、「正しいことをしている」という自信を持って請求しましょう。

ノミニケーションという言葉もある通り、飲み会も立派な交流の場です。ストレス発散のみならず、仕事のヒントが生まれることもあります。このような大切な「場」をフリーライダーに台なしにされないように、みんなで協力して良い関係を保ちたいものです。

# すべて白黒つけないと気がすまない人

　これは私の知り合いから聞いた話です。流通関係の会社の課長ですが、とても困っているようでした。

「課長、先ほどTさんに対して、『キミの考え方にも納得できる点がある』とおっしゃってましたよね。でも、この前は私の考え方を評価してくださったじゃないですか！　結局、課長はTさんと私、どちらの考え方を支持しているんですか？　本音を聞かせてください。どっちつかずの曖昧な言い方をされるより、はっきり言っていただいた方が、ずっとスッキリします」

　こんなふうに、問い詰められるというのです。周囲の人たちは、「ああ、Mさんの〝いつもの〟がまた始まった」という感じで特に気にも留めていません。何事も白黒はっきりさせないと気がすまないのは、いつものことだからです。

　もちろん、人の気持ちは常に揺れ動くものです。また、状況によって判断が変わることもありますから、どちらの考えが優れていると言い切るのは難しいのです。物事はそう単純ではありません。

「急にそう言われてもなぁ……。どちらの考え方が正しいとは簡単には言えないよ。中身をもっと精査してみないと」

課長が曖昧に答えると、「そもそも、制度改革が必要だとおっしゃったのは課長じゃないですか！　精査している時間などありません」と、今度は別の角度から攻めてきます。

このように何事も白黒つけないと気がすまないのは、受験勉強中心で育ってきた世代の特徴のようです。入学試験や採用試験では、採点しやすいように答えは正解か不正解のどちらか、もしくは複数からの択一——つまり、白黒つけるものがほとんどのため、これに慣れてしまったのでしょう。

現実の社会では、どれが正解かをスッキリ決められないケースが多いもの。でも、若い頃から「正解・不正解」のどちらかを選ぶ環境に置かれ続けると、その微妙なニュアンスが理解できなくなってしまう人もいます。

誤解してはならないのは、彼が上司の揚げ足を取ろうとしているわけでも、困らせようとしているわけでもないということ。彼は彼なりに真剣なのです。

このような融通の利かない相手には、前出の課長のようにのらりくらりと応じたり、曖昧に答えるのが正しい対応です。社会には白黒つけられない解決法もあることを徐々に理解させていくのですが……なかなか大変ですね。

心理学的に見ると、こういう人は「強迫性パーソナリティ障害」の可能性が考えられます。これは、完璧主義で物事を自分の思い通りにコントロールしないと気がすまない傾向が強い性格です。この傾向が助長されると、さらに攻撃性が強くなり、周囲の人を疲弊させて和を乱すようになりがちです。課長はできるだけ早い段階でグレーな判断に慣れてもらおうと、頑張ってこのような対応をしているのでしょう。

# 第3章

# 自分は悪くありませんの人

# 周囲をゆさぶる「かまってちゃん」

「私って本当にダメな人間なんです」

「私のことなんて誰も気にかけてくれませんよね」

こんなネガティブな発言を繰り返す人が、あなたのまわりにもいませんか？　いわゆる「かまってちゃん」と呼ばれるタイプです。彼らは、直接的な攻撃や自己主張はしないものの、ネチネチと絡みつくような言動で周囲を疲弊させます。

介護関係の職場で働くある女性も、同僚の「かまってちゃん」発言に日々悩まされていました。

「そんなことないよ」

「誰もあなたのことを嫌ってなんかいないよ」

と、いくら励ましてもネガティブ発言は一向に改善されなかったので、ウンザリして距離を置くようになったそうです。

「かまってちゃん」とは、他人に認められ、かまってほしいという気持ちが強く、周囲の気を引くような言動を繰り返す人のこと。

具体的には、「ひがむ」「無視する」「にらむ」「遠回しに言う」「何度も繰り返す」などの行動が見られ、周囲にストレスを与えます。

心理学的には、彼らの行動は「承認欲求」や「自己肯定感の低さ」にあると考えられます。自分で自身の価値を見出せず、他者からの承認を求めてしまうのでしょう。

興味深いことに、「かまってちゃん」の行動パターンは、幼い子どもの行動とよく似ています。嫌なことがあるとすねたり、気を引こうとわざと困らせるようなことを言ったりする幼児の心理が、大人になっても抜け切れていないのです。

こんな厄介な「かまってちゃん」ですが、攻撃性は低いため、対処法は比較的簡単です。お兄さん、お姉さんになったつもりで、「こうした方がいいんじゃないかな」「そういう言い方は誤解されやすいから気をつけた方がいいよ」などと、上から目線でアドバイスをすると、意外にも素直に受け入れてくれます。

ところで、近年、SNSの広がりで、「かまってちゃん」の言動が深刻な問題を引き起こすケースが増えています。ネガティブな投稿を繰り返したり、他人の投稿に執拗に絡んだりする「SNSかまってちゃん」は、周囲に迷惑をかけるだけでなく、時には社会問題を引き起こすケースもあります。

こうした「SNSかまってちゃん」に対しては、無視するのが正解。ヘタに反応してしまうと彼らの欲求を満たすことになってしまうため、さらに発言や行動をエスカレートさせる可能性があります。

このように「かまってちゃん」は迷惑な存在ですが、実は誰でも「かまってちゃん」になる要素を大なり小なり持っています。つまり、「明日は我が身」ということ。だから、反面教師だと思って、常に自分自身の行動や発言を振り返ることが大切です。

とくに「自分に自信が持てない」「自意識が強い」「気持ちが安定しない」「うまく自己主張ができない」人は要注意で、なかでも最後の「自己主張ができない」人は、いつ「かまってちゃん」になってもおかしくない〝崖っぷち〟にいるといえます。周囲にストレスをまき散らしていないかを常に意識してください。

# なんでも決めつけたがる人

「女の子のくせに」

「もうお姉ちゃんなんだから」

「男の子なのに」

こんな言葉で、幼い頃に嫌な思いをした経験はありませんか。年齢や性別で決めつけられるのは、誰にとっても不快なものです。ところが、現代社会ではＳＮＳやインターネットの発達によって、偏見やステレオタイプ的な考え方がより広まりやすくなっています。

たとえば、「〇〇県民は世話好き」「〇〇出身の人は自己主張が強い」といった根拠のない情報が拡散され、出身地だけで人を判断してしまうケースも少なくありません。

大阪出身の知り合いがいますが、東京に引っ越した際、「大阪の人は周囲を笑わせるのが得意なんですよね。何かギャグを言ってくださいよ」と無茶ぶりされ、困惑したそうです。

また、沖縄出身の人は、「沖縄出身なのに、お酒が飲めないんですか？　嘘でしょう！」

と言われ、不快な思いをしたといいます。

同じ地域に住む人々が、皆同じ性格や価値観を持っているはずがありません。そのため、出身地だけで人を判断するのは非常に失礼な行為であり、相手を傷つけてしまう可能性もあります。

このようなトラブルを避けるためには、相手の個性を尊重し、「レッテル貼り」をしないことです。

「周囲を笑わせるのが得意なんでしょう」と決めつけるのではなく、「周囲を笑わせるのが得意な人が多いと聞いたことがありますが、実際はどうなんですか？」と尋ねれば、相手とのコミュニケーションを円滑に進めることができます。

年齢、性別、出身地などによる「レッテル貼り」は、「認知バイアス」の一種であるステレオタイプ化といいます。これは、特定のグループに属する人々を、そのグループの典型的な特徴で判断することを指します。

ステレオタイプ化というのは、大量の情報を処理する際に効率化できますが、誤った判断や偏見につながる可能性もあります。

特に、職業や学歴による偏見は根深く、時に深刻な差別を生み出す場合もあり、注意が必要です。

たとえば、貿易会社に勤めるBさんは、ある先輩が専門学校出身だと聞き、「専門学校出身者は大卒よりもレベルが低い」というステレオタイプ的な考えから先輩を見下していました。その態度を見かねた上司がBさんを呼び出し、「彼は海外の名門大学を卒業していて、実践的な知識を得るため、帰国後に専門学校へ通った優秀な人物なんだぞ」と教えたそうです。これを聞いたBさんは、自分の学歴にこだわる浅はかな考えを深く反省したそうです。

また、「レッテル貼り」は、誤解やトラブルを生むだけでなく、相手との関係を悪化させる原因にもなります。そのため、「あの人はこういう人だ」「このタイプの人はきっとこうだ」といった固定観念にとらわれず、一人ひとりの個性や価値観を尊重することが大切です。

特に注意したいのが、ある程度以上の肩書を持っている人が、それを誇示するケースです。こういう人は、相手の社会的地位によって態度を変えることも多いのですが、そんな人とは誰もお近づきになりたくありませんよね。

真の友情や信頼関係は肩書きや地位ではなく、人柄や価値観によって築かれるものです。誰に対しても分け隔てなく接し、相手を尊重する姿勢こそが良好な人間関係を築くのです。一刻も早く「レッテル貼り」を止めてほしいと思います。

# 他人の気持ちを理解しない人

先日聞いた話です。

地方支社から本社勤務になったHさんは、広告関係の部署で活躍している有望株です。しかし、クライアントとの打ち合わせに初めて同行した課長は、彼の振る舞いを目の当たりにして頭を抱えてしまいました。

打ち合わせの席で、ためらうことなく上席に座ってしまったのです。本来、奥の席が上席で、入り口に近い席が末席であるというビジネスマナーを知らないのでしょうか。「上座」「下座」という考え方が古いのかもしれませんが、この振る舞いは、クライアントに傲慢な印象を与えてしまうので、課長は「キミの座る席はそこじゃないだろう」と注意してみました。

でも、Hさんは「どうしてですか？　早い者勝ちでいいじゃないですか」と、平然と答えたそうです。この段階で、課長は呆れてしまいましたが、さらに彼はクライアントが来る前からお茶を飲み始めたではありませんか。

驚いた上司は「おい、H君！」とたしなめましたが、「いいじゃないですか、せっかく持ってきてくれたんですから」と、相変わらず平然としています。

クライアントが現れて、「課長さんですか。担当のHさんにはいつもお世話になっています」という定番の挨拶をしてきましたが、Hさんは「いいえ、お世話になっているのはこちらの方です」という定番の返しもせず、偉そうにふんぞり返っていました。

今回のように上司が同席している打ち合わせの場合、要点を説明するのは課長で、Hさんが細部を補足するというのが一般的な手順なのですが、彼にはそんな配慮もまったく見られず、課長が口をはさもうとするとそれをさえぎり、「この件は私がずっと担当してきましたので……」などと、自分が打ち合わせの中心のような態度を貫き、上司を立てませんでした。これでは課長が同席している意味がありません。

たしかに、Hさんは有望株なのかもしれません。しかし、こんな振る舞いではクライアントに傲慢な印象を与え、長い目で見るとよい結果は得られないでしょう。さらに、同席した課長までも「この人は部下の教育ができないようだ」と思われ、会社全体の評価を下げたとも言えます。

その後、課長は、Hさんを他社との打ち合わせに参加させないようにしたそうです。自分が立案した企画の打ち合わせに参加できないのは、Hさんにとっては屈辱的でしたから、課長に「私も打ち合わせに参加〝すべき〟です！」と直訴してきたそうです。

課長は、「自分の行動が人にどんな影響を与えるかを客観的に認識できるようになったら考えよう。そのためには、上司や先輩からのフィードバックを積極的に受け入れることが必要だよ」と話したそうです。

Hさんは「この人は何を言っているんだろう」という表情をしていましたが、彼のように自己中心的な振る舞いをしていると、周囲からの信頼を失い、キャリアアップの妨げになる可能性も。これは的を射た、ありがたいアドバイスといえるでしょう。

つまり、ジコチューがジコチューでなくなるためには、自分自身の考え方を変えなければならないということなのですが、数カ月後、数年後、彼はどうなっているでしょうか……。

# 仕事よりプライベート優先の人

私の知人のオフィスでの話。20代後半の女性ですが、仕事ができないわけではありません。問題は、誰がなんと言おうとプライベート優先ということ。なかでも恋人絡みの用事が最優先事項で、最近は仕事にも支障が出始めています。

たとえば、仕事中も常にスマホを気にし、メールが来れば即返信。「仕事もそのくらい早く片付けてほしいよな」と、陰で同僚たちは囁いています。

さらに困るのは、急ぎの仕事が入ったときです。残業中でも、恋人から「今日は会える?」というメールが入ると、その時点で業務終了。仕事を続ける同僚たちには目もくれず、あっという間に出て行きます。

翌日、同僚から「先に帰ってしまったから、12時過ぎまでかかったんだぞ!」と言われても、「急にデートが入っちゃったものですから。おかげさまで、皆さんの分も楽しんできました♪」と、悪びれる様子もなく平然と言います。

同僚から、「彼女とは一緒に仕事をしたくない」と言われるのは当然でしょう。

ワークライフバランス（仕事とプライベートの調和）がとても重要と言われるようになりました。もちろん、仕事に人生のすべてを捧げるべきだとは言いません。しかし、重要な仕事があるときくらい、プライベートを犠牲にして仕事に集中すべきではないでしょうか。

ちなみに、それができない状態を「ワークライフバランスの崩壊」といい、最近、このように崩壊している人が社会に急増中のようです。

「叱ってでも残業させればいい」と思う人もいるでしょうが、ワークライフバランスが崩壊している人に残業を強いるのはリスクがあります。なぜなら、そのような心理状態で無理に仕事をさせても、ミスを連発するか、後々まで恨まれるかのどちらかだから。

唯一の改善法は、自分の行動が周囲に迷惑をかけていると自覚して、ワークライフバランスを修正してもらうことなのですが、それには本人が危うい立場にあることを、上司や人事担当者からはっきり伝えるしかありません。つまり、同僚たちだけで悩んだり嫌味を言っているだけでは改善は不可能ということ。正式に上司や人事に申し立て、本人に伝えてもらうべきです。あとは、本人の努力次第なのですが……。

# お金を借りても忘れて平気な人

「あっ、先輩、小銭がないんです。すみません、ちょっと貸してください」

去年入社したKさんは、小銭がないからとドリンク代や夜食のおにぎり代などを頻繁に借りまくります。100円、200円といった些細な額だから、貸す方もあまり気にせず貸してしまいます。

もちろん、後でちゃんと返してくれれば問題ありません。しかし、なぜかすぐに忘れてしまうようで、彼から自発的に返してくれることはほとんどありません。大した金額ではないとはいえ、毎回だと気分が悪いものですし、信頼感も薄れていきます。

たまたま彼が休暇を取った日、同僚の間でそのことが話題になりました。すると、「私も」「俺も」と、課のほとんど全員が彼の「小銭借金」の被害者と判明したそうです。塵も積もれば山になります。100円玉貯金がいつの間にか貯まるように、毎日100円、200円と貸していると、被害額もバカになりません。

本当に忘れているのか、わざと忘れているのか、それともべつの理由でお金に困っているのか……同僚たちの想像はさまざまでしたが、最終的には「たとえ少額でも、なぜ他人からお金を借りて平気でいられるのか理解に苦しむ」という結論に達しました。

おそらく、彼は自己中心的で、他人の気持ちを考えられない傾向が強いのでしょう。だからこそ、このような無神経な行動はできるだけ早い段階で直してもらった方がいいと思います。

もちろん、「さっきのおにぎり代200円、返して」と直接言えばいいわけです。しかし、お金の貸し借りが厄介なのは、なぜか借りた方が強い立場になってしまうことでしょう。「返してくれ」と言い出すのは意外と勇気がいりますし、100円、200円という小銭だと、より催促しづらいものです。これに加え、どう考えてもおかしいのですが、「ごめんね……」「悪いんだけど……」といった言葉を最初に付けて返却をお願いしたりします。

こうなると、借りた方は勘違いをしてしまい、心の中で「そんなに言うなら返すよ。でも、たった200円なのに、小さい人間だな」などと思ったりするのです。これでは、いつまでたっても自分が問題行動を繰り返している張本人だとは自覚できないはずです。

「このままでは、彼のためにならないよ」ということで、課の全員で「リベンジ作戦」を決行することになりました。Kさんと一緒に出かけるときは、あえて小銭入れを持たないという作戦です。そして自動販売機の前で、Kさんにお願いします。

「喉が渇いたんだけど、小銭がないんだ。缶コーヒー、買ってくれない？」

こう言われれば、買わざるを得ないでしょう。

そしてもちろん、後で缶コーヒー代を返すことはありません。

Kさんとしては心の中で「あれ、缶コーヒー代、返してくれないのかな……」と不安になるはずです。しかし、まさか自分のことを棚に上げて「返してくれ」とは言えないでしょう。

もちろん意地悪でやるわけではなく、こんなことを繰り返すうちに、Kさんも「100円、200円という少額の借金でも貸した方は覚えている」と気づくはずだと考えたのです。

やられたことを相手にもやり返す、というのは子どもじみていると思うかもしれません。ただし、借金踏み倒しの常習犯に自身の問題行動を反省してもらうためにはやむを得ない荒療治でしょう。

お金の貸し借りに無頓着なのは、それほど深刻な問題です。もし「リベンジ作戦」でも態度を改めない場合は、心理カウンセラーの助けを借りることも考えた方がいいくらい重大なケースなので、付き合い方に注意してください。

# 「自分は悪くない」とがんばる人

自己全能感という心理があります。自分は常に正しく、失敗はすべて他人のせいだと考える自己愛の強い状態です。

ある企業に勤める男性は、典型的な自己全能感の持ち主のようです。

「〇〇物産はひどい会社です。フェアじゃない！」

取引先との交渉がうまくいかなかったときは、帰社した途端にこう言い放ちました。しかし、自分が誤って高額な見積もりを提出してしまったことが交渉決裂の原因だという噂も。

また、彼が営業担当をしている主力製品に欠陥が見つかったときにも「前からこの製品には問題があると思っていたんです！　いい加減にしてほしいですね」と、まるで自分は被害者みたいな口ぶりです。

このように、絶対に自分の落ち度やミスを認めず、常に自分は正しく、何か問題が起きれば必ず他人や環境のせいにするのです。

こういう人は自己愛が強すぎるあまり、自分が間違っているのを認められないのと同時に、自分を守るためには他人を攻撃します。自分の非を認めてしまうと自尊心を傷つけられたと感じるので、それを避けるために他人を責めるわけです。

このように自分の非を認めない人は同じミスを繰り返し、成長や改善が見込めません。そのこともあり、この人と一緒に働くのは非常に困難です。そうはいっても、一緒に働かざるを得ない場合は、どのように接すればいいのでしょうか。

まず、彼らが自己愛の強い人物であると理解しましょう。彼らの言動は、自分を守るための防衛反応であり、悪意があるわけではありません。そのため、彼らの意見を頭ごなしに否定せず、まずは共感の姿勢を示すのです。

前の例をあげるなら、「また始まったよ」「どうせ、彼のミスだろう」などとは絶対に言わず、「〇〇物産との交渉は大変だったみたいだね」のように、気持ちを理解していることを伝えましょう。

そしてその後、耳に入っている情報を伝えて真偽をたしかめます。

「今回の件は、見積もりにミスがあったという情報もあるみたいだけど、正直なところどうなの？」

ちなみにこれはイエス・バット法といわれる話法を応用した対応で、相手に不快感を与えずに説得ができるテクニックです。

ただし、慎重な対応が必要なことからもわかる通り、自己愛の強い人との付き合いは精神的に大きな負担になります。だから、自分を守ることを第一に考えるなら、適切な距離感を保ち、上司や周囲のサポートも積極的に活用するべきです。

# 有給休暇を主張しすぎる人

スーパーマーケット勤務のY子さんは、衣料品の仕入れ担当です。近頃の不況で売上げが落ち込むなか、店は起死回生の大規模イベントを企画。なかでも衣料品部門は売上げ不振の筆頭だったため、彼女もこのイベントで失地回復を図ろうと意気込んでいました。

ところが、イベントの一週間前になって、彼女が突然に休暇を申請したのです。驚いた店長が問いただしたら、「ずっと行きたかったアーティストのコンサートのチケットが手に入ったものですから」と。しかも、そのコンサートは地方公演なので、休暇を取らないと行けないというのです。

店長は愕然としました。人手不足のなかで社員が一丸となってイベントの準備を進めてきたのです。しかも、衣料品セールはイベントの中心となる予定でした。その担当者がいなければ、イベントの成功が危ぶまれます。

「ねえ、せめてイベント当日だけは来てもらえないかな」

と頼み込んでも、彼女は聞く耳を持たず、こう反論したそうです。

「有給休暇は労働者の権利です。今まで有給もろくに取らずに働いてきました。コンサートは今回を逃したら次はいつ行けるかわからないんです！」

その主張は、まるで自分が被害者のようだったため、店長は呆れてしまいました。

心理学の世界では、このような反応を自己中心性バイアスと言います。自分の都合や利益を優先し、他人の状況や気持ちをまったく考えられない状態です。誰でもある程度は自己中心性バイアスの考え方を持っているものですが、それが強くなりすぎると、チームワークを乱し、周囲に迷惑をかけることになります。

一方、上司の対応にも問題があったかもしれません。休暇申請のときに、「せめて……」と譲歩したような対応をしたことで、自己中心的な行動を助長してしまった可能性があります。

こうした状況では、毅然とした態度で、イベントの重要性を伝えるべきでした。そして、休暇を延期するか、かわりの担当者を見つけるように、はっきり命じる必要があったと思います。

もちろん、Y子さん自身が自分の行動が周囲にどんな影響を与えるかを考えるべきだったことは言うまでもありません。有給休暇は労働者の大切な権利です。しかし、それを乱用し過ぎると社内の士気を下げるだけではなく、会社の業績にも悪影響を及ぼすことになります。

仕事とプライベートのバランスは大切ですが、時にはチームのために自分の都合を引っ込めることも必要ではないでしょうか。

今回の出来事を教訓にして、彼女には自己責任とチームワークのバランスを考え、より良い働き方を模索してもらう必要があるでしょう。

# 言い訳も自分中心な人

「ここ、間違ってるよ」などと部下に指摘することは、よくありますよね。当然、「すみません」や「もう一度、チェックし直します」という返事を聞けると思いきや、最近は「あれ、変だなぁ。資料どおりのはずなんですけどねぇ」と、予想外の反応が返ってくることが多いそうです。

自分の指摘ミスかと資料を確認すると、やはり部下の間違いです。ところがこのタイプの人は、指摘しても「この資料、字が小さくて見にくいから誰でも間違えますよ」と、あくまでも自分の非を認めようとしません。

また、「時間がなかったから仕方ありません」「○○に資料をまとめるよう頼んだんですが、その仕上がりがメチャクチャで……」というように、ミスの原因が自分以外にあると主張する人もいます。

これは自己愛が強いタイプの反応ですが、困ったことに、自己愛が強くて常に自分が正しいと思い込んでいる人が近年、増加中なのです。このタイプは、「成功は自分の手柄、失敗は他人のせい」と考える傾向があります。

自己愛を持つのは悪くはありません。たとえば、自己肯定感を高めるためにも大いに役立ちます。しかし、度が過ぎると精神的な成長を妨げたり、人間関係に悪い影響が出ます。

では、なぜこのタイプが増えているのでしょうか。

第一に考えられるのが、少子化や核家族化の影響です。一人っ子や二人っ子として育った人は、親や祖父母からの愛情を過分に受けてきて、「自分が中心に置かれるのが当たり前」と思い込んでいることがあります。そのため、自分の非を認めたり、他人の意見を受け入れる経験が不足し、自己愛が過剰になりやすいと考えられます。

また、SNSも影響しているかもしれません。SNSでは自分の良い面ばかりを発信することが多く、自己満足や優越感を得やすい環境にあります。それで、自己愛が肥大化してしまうのです。

こんな人と接する際に大切なのは、頭ごなしに否定しないことでしょう。前出の例をあげると、まずは「資料が見にくいのは確かだね」のように相手の意見に共感する姿勢を示すのです。すると、相手の心を和らげられます。

そして、冷静に事実を伝え、建設的な議論ができるよう促します。

「でも、書類が間違っているのは事実だから、もう一度確認してみよう」

などと、一緒に問題を解決するというコミュニケーションを心がけるといいでしょう。

「なぜそこまで気を遣わなければならないんだ！」と思うかもしれませんが、困った人を育てるのも上司の仕事だと思って、あきらめてください。

# 謝ろうとしない人

長年の得意先から、突然「取引を停止したい」と連絡がありました。どうやら、担当者が問題を起こしたようです。上司が急いで得意先へ駆けつけると、次のように事情を説明されました。

会社は飲食店などに業務用の食材を卸しています。先日、その得意先が注文していた食材が届かなかったため、急いで別のメニューで営業することがあったそうです。なぜ食材が届かなかったのか、担当者に理由を尋ねると、彼は謝罪するどころか、

「同じ名前の店があって、配送伝票の入力ミスでそちらに届いてしまったみたいですね。コンピュータは賢くないので、同じ店があると、いつもご注文いただいている店かどうか確認できないんです。だから、人気メニューなら、品切れになる寸前に注文するのではなく、常に余分に仕入れてストックしておいた方がいいと思いますよ」

と、まるで得意先の店名や注文方法に問題があると言わんばかりの態度だったとか。

得意先の店長は、当然、激怒しています。しかし、彼は人格者として知られているだけあって、今回のミスについて自分にも責任があると認めていました。だからこそ、担当者が「申し訳ございませんでした。今後は30分気をつけます。問題の改善に努めてまいりますが、少し早めにご注文いただけるとありがたいです。お手元に多少ストックがある方が安心かとも思いますので」と、一言でも謝罪していれば、店長もここまでの怒りとならず、むしろ今回のトラブルをきっかけに、より良い関係を築くことができたかもしれません。

今回は、あわてて駆けつけた上司が平身低頭して謝罪したため、どうにか取引停止は免れました。

謝罪というのは人間関係を円滑にする基本的なコミュニケーションです。自分の非を認め、相手に誠意を伝えることで信頼関係を回復させられます。反対に、自分のミスを認めず責任転嫁するような態度は、相手との関係を悪化させるだけではなく自分自身の成長を妨げるでしょう。このエピソードを他山の石ととらえ、自分の言動を見つめ直してほしいと思います。

## ドタキャン常習の人

Sさんとの約束は午後1時。事前に送られてきた企画書に目を通そうと、早めに昼食をすませてデスクに戻った矢先、Sさんから電話があり、

「今日は行けなくなりましたので、打ち合わせは明日にしてください」

謝罪の言葉もなく、理由も説明もありません。ドタキャンするなら、せめて理由くらい教えてほしいものですよね。

「え～っ、そうなの。打ち合わせを今日の午後にしたいというのは、あなたの希望だったじゃない。いきなり明日と言われても……」

と、皮肉たっぷりに聞いても、悪びれる様子はなく、

「でも、ダメになっちゃったんです。だから、明日ということで」と繰り返すだけ。

電話を切った後もモヤモヤが収まらず同僚に愚痴をこぼすと、どうやら彼のドタキャンは日常茶飯事のようです。謝罪の言葉がないのもいつものことで、「ドタキャンを悪いことだ

と思っていないようだ」と聞かされました。

この人の頭の中では、「行けなくなったのだから仕方ない」「もっと大事な用事ができたのだから仕方ない」という身勝手な論理が成り立っているようです。心理学の世界では、このような身勝手な考え方を自己中心性といいます。一般的には乳幼児に見られる思考パターンで、問題を自分の立場からしか分析・認識できないことによって生じるといわれています。

乳幼児ならそんな考え方をしても「仕方がない」と許せるでしょうが、社会人なのにこんな思考というのは許せませんよね。では、どうすればドタキャン常習犯に振り回されずにすむでしょうか。

真っ先に思い浮かぶのは、「目には目を……」的な対抗策かもしれません。Sさんが珍しく約束の時間に現れたら、「あっ、緊急会議が入っちゃったんだ。明日にしてくれるかな」などと、こちらもドタキャンするという対抗策です。

しかし、ドタキャンを失礼なことだと感じていないSさんですから、「あ、そうですか。仕方ないですね」とあっさり受け入れてしまい、態度も改まることはないかもしれません。

根本的な解決には、コミュニケーション方法を見直す必要があります。

たとえば約束をする際に、事前にキャンセルポリシーを伝えておくのもひとつの方法です。「かなり厳しいスケジュールで動いているので、ドタキャンは絶対に困ります。万が一そのような事態になりそうになったら、少なくとも一日前に連絡してください」と、はっきり伝えれば、Sさんも自分の行動を改めるきっかけになるかもしれません。

これでもドタキャンが続くようであれば、距離を置くことも検討しましょう。ドタキャンは相手への配慮が欠けているために生じる行為です。あなたが振り回されて疲弊する前に、自分を守ることを優先しましょう。

人間関係は、お互いの尊重と配慮の上に成り立つものです。ドタキャン常習犯にはそれが欠けているため、良好な人間関係を築くのは難しいと考えた方がいいでしょう。

# 時間泥棒な人

「あれ、早く来てたんだね。さっ、早く映画館へ行こうよ」

約束の時間はとうに過ぎているのに、ひと言も謝らず、この言い草です。最新のスマートウォッチを持っていながら遅刻の常習犯なのです。

こうした人には「遅刻すると相手の時間を奪うことになる」という意識が欠如しています。これは遅刻常習犯によく見られる思考で、未来の利益（遅刻すると自分の評判が悪くなる）よりも目先の快楽（もう少し寝ていたい等）を優先するために起きると言われています。

問題なのは、遅刻魔ぶりが仕事でも発揮されているということ。打ち合わせの時間に10分、20分遅れるのは当たり前。申し訳なさそうにやって来るならまだしも、堂々と遅れてきて謝罪の言葉もないと、同僚に聞いたことがあります。

出身校は自由な校風で、時間に対する意識がゆるかったということも関係しているようなのですが、学校と社会は違います。社会は時間厳守が基本であり、特にビジネスシーンでは約束に遅れることは信頼喪失に直結します。

時間にルーズな人というのは、注意してもなかなか改善しないのですが、もし、あなたがこんな人と仕事をすることになったら、どうすればいいのでしょうか。

最も簡単なのは、「自分も遅刻する」こと。でも、相手のペースに合わせればストレスは軽くできますが、これでは根本的な解決にはなりません。

そこで利用したいのが、境界線という考え方です。自分と他人との間に適切な距離を保つために引く心理的境界のことで、時間泥棒に対しては、「毅然とした態度」という境界線を引きましょう。

具体的には、待ち合わせ時間が過ぎても黙って待ち続けるのではなく、「もうひとつ打ち合わせがあるので、これ以上は待てそうにありません。また改めて連絡します」と伝えたり、「映画が始まっちゃうので、先に行くね」のように先に行動を開始してしまうわけです。こうした毅然とした態度をとれば、自分の時間を尊重するよう相手に促せます。

これでも改まらないなら、相手の上司や同僚に相談することも必要でしょう。一人で抱え込まずチームで解決策を探るようにすれば、ストレスもその分減らせます。

時間を守るのは社会人としての基本で、相手への配慮でもあります。時間泥棒に振り回されず、あなたの時間を大切にしたいものです。

# やたら他人の目を気にする人

総務部のT子さんは一日中パソコンに向かっています。一見すると一心不乱に仕事をこなしているように見えますが、実際は常に周囲を気にして、他の人たちの動向ばかりを追っています。たとえば、誰かが上司と話をしていると、話の内容が気になって仕方がありません。すると、T子さんはさりげなくその人をランチに誘い、「さっき、課長のところに行っていたじゃない。何かあったの?」などと探りを入れます。

アメリカの心理学者ハイダーらの実験では、課題レポートの評価を学生たちにランダムに伝えたところ、高評価を受けた学生は自信を持ち、その後のレポートは優れたものになったそうです。その一方、低評価を受けた学生は自信を失い、その後のレポートの質も低下してしまったそうです。

そして実験終了後、評価はランダムなものだったと明かしても、学生たちの自己評価はほとんど変わりませんでした。このように、人間は他人の評価に大きく影響される生き物なのです。だから、T子さんのように「他人の目が気になって仕方がない」という人がいるのも当然です。

そんな部下や同僚には、「先日の企画、評判がいいみたいだよ」「あなたの作る資料はいつも完璧だね」などと、肯定的な情報を伝えるといいでしょう。すると自信を持って仕事に取り組み、結果を出せるようになるはずです。

しかし、あまり高く評価しすぎると、過度に自信を持つ「高慢ちき人間」を生み出してしまいますから、「ほどほど」にしておきましょう。

また、「他人の目が気になって仕方がない」という人は、自分自身の価値を信じ、自信を持って行動するように心がけましょう。周囲の意見に耳を傾けても、最終的には自分で判断し、主体的に行動すると自信を持てるようになります。その結果、今まで以上の成果を上げられるようになるはずです。

# 叱られると涙目になる人

ある人材派遣会社のチーム長は、部下の女性への接し方に頭を悩ませています。たとえば先日は、派遣先を間違えて出社するという初歩的なミスをしでかしました。しかも、彼女は自分のミスを認めるのが苦手で、出社した先で「そちらの思い違いじゃないですか。ちょっと調べてみてください」と言ったというのです。

システムエンジニアとしてはとても優秀で、派遣先の評判も悪くないのですが、ミスを認めるのが苦手という以外にも「打たれ弱い」というウィークポイントがあります。自分の仕事に少しでも不満や注文をつけられると、とたんに弱気になり、意気消沈してしまうのです。「派遣先からこんな連絡があったんだけど」と伝えただけで、泣き出しそうな声で「そうですか……。私ってダメですよねぇ。どうしよう、もうシステムエンジニアとしてやっていける気がしません」などと言い出します。

チーム長は、「大人なんだから、ちょっと注文をつけられたくらいで落ち込むなよ」と言いたくなるのですが、前のことを思い出すと何も言えなくなってしまうそうです。

前のことというのは、「派遣先を間違えた」という件で叱ったとき。彼女は突然、大声で泣き出してしまったのです。罵詈雑言をぶつけたわけではありませんが、近年はパワハラが問題化しているので、上司は「パワハラされた」と指摘されるのではないかと不安になり、その後も彼女に意見できなくなってしまったわけです。

最近は、女性だけではなく男性も叱責されると簡単に泣き出すそうです。これは、「男性も感情を表に出していい」という日本社会のムーブが影響を与えているのでしょう。別に「男は泣くべきではない」とか「女は泣けば許されると思っている」という偏見を押しつけるつもりはありませんが、性別を問わず職場で涙を見せるのは考えものです。なぜなら、感情のコントロールは社会人として必要なスキルだから。

このように、すぐ感情的になる人に対しては、感情をぶつけると収拾がつかなくなります。正しい対応は、常に冷静にふるまうこと。こうすると相手は、自分の感情を客観的に見つめるようになり、「適切な態度ではなかった」と理解できるのです。

# 仕事以外で元気が出る人

勤務時間中は「いるのかいないのかわからない」「何をやっているのか誰も把握していない」存在なのに、飲み会や歓送迎会では信じられないほど元気になり、「さあ、みんな盛り上がっていきましょう。チャッチャチャッチャ」などと大騒ぎする人がいますね。思い当たる人がきっといるはずです。仕事の成果はいまひとつですが、酒宴が始まった途端にネクタイの襟元をゆるめ、立ち上がり、大きな声で盛り上げてくれるような人です。

このような人は、学校教育でクラブ活動が重視されるようになってから増え始めたと言われています。学校は本来、勉強をする場所です。しかし、高度成長期に進学対策などに偏りすぎ、友人関係の築き方や心身を鍛えるというメンタル面の教育がおろそかになってしまったという反省から、90年代頃からクラブ活動やボランティアなどに対する取り組みも内申書などに反映されるようになりました。

こうした環境で育ったため、宴会やパーティーで自己を発揮するのも能力のひとつだと思い込んでいる人が増えたようです。

管理職には、ため息交じりに「もっと他の人材を採ればよかった」とつぶやいている人もいるかもしれません。でも実際に、こうした人にも活躍の場はあります。取引先のイベントの協賛や売り出しの手伝いなど、通常の業務とは異なる仕事で責任者にしてみると、お得意のパフォーマンスでイベントを盛り上げ、予想以上の成果をあげてくれるはずです。

食品卸の会社に勤めるある男性も「仕事はダメだが盛り上げ上手」でした。彼の上司は、取引先のスーパーなどでイベントやセールがあると、迷わず彼を派遣するそうです。すると、水を得た魚のように一日中着ぐるみを着てイベントやセールを盛り上げてくれるそうで、そのおかげで売上げが倍増したスーパーもあるとか。

それぞれの個性を活かせる場を見つけてやることも、上に立つ人の大切な仕事ではないでしょうか。

# 第4章

# 世界は私が中心の人

## やたら身内の自慢話が出る人

広報の仕事に就いて15年を迎えるベテラン社員の彼女。目鼻立ちがはっきりとしていて、かなりの美貌の持ち主です。30代後半で独身ですが、結婚願望があるかどうかは、はたからはわかりません。バリバリ仕事をこなすので、どちらかというと仕事と結婚したように思われているからです。

「父の仕事の関係で母はずっと専業主婦だったのね。本当は外に出て働きたかったみたいで、私に、結婚もいいけど社会に出てしっかり働きなさいっていつもいうのよ」などと、よく口にしていました。

ですが、彼女には人望がないようです。というのも、自慢癖があるから。会って話せば身内の自慢ばかりだからです。

「祖父は横浜の大地主で、貿易商も営んでいたの」

社の内外を問わず、彼女の祖父の話を知らない人は誰もいない、といえるほど有名な話です。ほかにも、弟がオックスフォード大学を出ている、親戚に売れっ子の画家がいる、叔父さんは大学教授だ、いとこの奥さんが……、などと身内の自慢話には事欠きません。

さらにタチが悪いのが、何かと張り合うこと。話の流れで、誰かが「叔父は大学病院で外科医をしているのだけど……」といえば「私の親戚にも医者がいて」と話の腰を折って身内の自慢を始めるのです。

ほかにも「娘が地元のピアノのコンクールに出場する」といえば「親戚の子はバイオリンの全国大会で賞をとったわ」と格の違いを自慢し、海外旅行に行った話をすれば「自分のおすすめは○○ホテルで、高層階からの眺めが最高」と、聞いてもいないのにしゃべり出すといった具合です。

せっかく人が体験談や思い出を楽しく話そうとしているのに、自分こそ主人公とばかりに口をはさむ、しかも対抗心が見え見えの自慢話です。話の腰を折られた相手がどんな気持ちになるか、想像もできないのでしょう。

そしてなんとも悲しいのは、彼女自身の話がほとんどないこと。すべて身のまわりの人の話です。あとは有名人と友達といった話もありますが、二言三言話しただけで本当に友達かどうかも怪しいとみんなは思っています。

仕事に追われ、旅行する時間もないことはもちろん、旅行に一緒に行く友達もいないということを、みんな気づいているのです。

実際、類まれな美貌の持ち主ですし、男性にもかなりモテたでしょう。おじいさんの家柄も手伝って縁談だって降るようにあったと思います。ですが、彼女が設定する高すぎるハードルを超える人はいなかったのでしょう。

でも、もっと自分を見てほしい、もっと注目してほしい――そんな執念が、彼女に自慢話をさせてしまうのでしょう。

人よりも家柄に恵まれている、人よりも魅力がある、人よりも知識がある……そんな話をすれば、尊敬されるだろう。

悲しいことですが、すべて彼女の思い込みです。ほんとうは真逆で、自慢すればするほど人は離れて行ってしまうのに……。彼女自身がそのことを悟る日は訪れるのでしょうか。

# メールに顔文字を乱用する人

「平素はお世話になっております。m(　)m　また、先日は、たくさんのお土産を頂戴し、恐縮しております ─(…)─」

SNS全盛の現在は、絵文字や顔文字（フェイスマーク）を使うことのハードルはかなり下がってきています。短い文章でテンポよくやり取りするメールやLINEなどでは絵文字はコミュニケーションを円滑にするうえで効果的な表現手段です。

とはいえ、ビジネスシーンにおいては事情が違ってきます。基本的にはプライベート以外では絵文字は使いません。

マンション分譲会社の営業マンがいます。彼は、仕事が早く正確で、営業成績もかなりの実績をあげていますし、実際にマンションを購入されたお客様の評判も上々です。

そんなある日、販売後のマンションの工事を請け負う内装業者が、彼の上司のところにやってきました。

「営業さんからいろいろとご注意・ご要望をいただくんですが、たまに意味がよくわからないことがありまして……」とメールのプリントアウトを差し出しました。上司が見ると、顔文字が結構な頻度で使われています。

顔文字とは、記号を組み合わせて人の表情を表現したものでフェイスマークとも呼ばれます。言葉では伝わりにくい感情やニュアンスを伝えたり、雰囲気を和らげる効果があります。笑い顔、涙顔、よろしくお願いします（正座してお辞儀している様子）など、たくさんの種類があります。

しかし、絵文字・顔文字はあくまでもプライベート用です。ビジネスメールやビジネス文書で使うのはふさわしくありません。実際に、ビジネス用途で顔文字を使うのはNGという人も少なくありません。

しかし、彼は、「プライベート」と「ビジネス」での使い分け以前に、どんなシーンでも顔文字を使うものだと思い込んでしまっているようです。

おそらく、マンションの購入者や、購入希望者とのメールのやりとりにも、顔文字をフル活用しているのではないかと、上司は唖然としました。

「顔文字は愛想笑いと同様の意味を持つ」と、ある心理学者は分析しています。顔文字を多用する人は「性格的には利己的で、自分を相手に知られることを無意識のうちに隠そうとする傾向」も見られるとのことです。

この営業マンの場合も、内装業者さんにクレームを伝えつつも、日ごろの感謝や今後の期待といった気持ちを伝えるために、心遣いのつもりで顔文字を使ったのだろう……などと、まわりの人たちは解釈しているようです。

ただ、ビジネスシーンでの顔文字は使い方を間違えると逆効果です。こうした人には、「顔文字を使って失敗した」という話を、さりげなく聞かせるといいと思います。

# 会話に頻繁に英語をまぜる人

「この資料のエビデンスはどうなっているの?」

つい「?」という顔をしてしまうと、

「あ、エビデンスって、根拠のことね。あと、先日のミーティングでの君のサジェスチョン、私はアグリーよ」

日本の大学には進学せずにアメリカの大学を卒業したことが自慢の女性がいます。みんなが、彼女は語学堪能だと知っています。にもかかわらず、それを誇示するかのように、会話のはしばしに、必要でもない英語をはさむのです。「アクト・ナウ、さあ思い立ったら吉日よ。すぐ動いてね」といった具合です。そんな彼女についたあだ名は「英語台風」。台風のごとく英語の嵐をまき散らし、周囲を破壊するというわけです。

令和時代、ＩＴ技術の驚異的な発展で、国境を意識することがだいぶ減ってきています。だからバイリンガルが活躍する場は、どんどん増えていくでしょう。しかし、言葉は、その場に合ったものを使うべきです。彼女の言動で問題なのは、英語にする必要がないのに、英語を連発して話が伝わりにくくなっていること。あくまで日本の企業なのだから、公用語は日本語でしょう。であれば、その環境で円滑にコミュニケーションが取れるようにするのが、できる人の条件です。

最近も会議で、「弊社のアセットをさらにドライブさせて、この企画にフルコミットすることで業界にパラダイムシフトを起こして……」などと意味不明な発言をし、参加者全員「?・?・?・」となりました。

こんな人には、一度はっきりと、「ここは日本で、僕は日本人だから、きちんとした日本語を話して！」と伝えてしまうとか、「外資系の会社に行った方が活躍の場が広がると思う」などと、英語が使い放題の外資系への転職をうながしてみるのもいいかもしれません。「たしかにそうね」などと本当に転職活動を始めるかもしれません。

もっとも、「英語が得意です！」とアピールする人でも、本当に使える英語を身につけている人は意外と少ないものです。以前、彼女に英文の契約書作成を依頼しようとしたら、理由をつけて逃げ回っていました。世の中にはアメリカの大学に在籍していただけ、という〝なんちゃって留学生〟もけっこういるようです。アメリカ帰りを鼻にかける人ほど、その英語の実力を疑ってみた方がいいかもしれません。

# 人のやることが気になる人

集中力が散漫というか、むしろ過敏すぎるのか、まわりで交わされる会話が気になって仕事に手がつかない、という人がいます。旅行代理店に勤める彼もその一人。何をしていても、上司と同僚、同僚同士の会話に耳をそばだててしまいます。ひどいときは、電話対応をしていているにもかかわらず、まわりの会話が気になって、電話相手との会話が成り立たなくなってしまうこともありました。

耳をそばだてるだけならまだしも、締め切りが迫っているのに自分の仕事を放り出して、同僚同士の会話に口をはさんだりすることも、しょっちゅうです。

「いやいや、北海道ならWホテルだよ。Aホテルは一見豪華だけど、最近サービスが良くないって。その点、Wホテルは、見た目は地味だけど、料理は抜群だって。特に朝食がすごいらしいよ！」などと、自分の仕事以上の熱の入れようです。

これは心理学でいう「親和欲求」です。「他の人と共通の要素で結ばれたいという欲求」

のことです。言い換えると、つねに誰かとつながっていないと不安で押しつぶされてしまう、もろい精神構造の持ち主ということでしょうか。

一方で、その人と対等以上の関係性を保ちたいという願望も強く、だからこそ、より早く情報をキャッチするために耳をそばだてるわけです。そして、相手より自分が優位になる方法を模索するのです。

まわりからすると、こんな存在は正直うっとうしいだけでしょう。でも、「人のことより自分のことに専念しなさい」と注意するのは逆効果です。とたんに情緒不安定になって、手に負えなくなります。むしろ、リーダーに抜擢すると、堂々と他人と関わっていける立場になれるので、持てる力を発揮して活躍できるでしょう。

「その人が持っているモノや人を見る認知の枠組み」を心理学ではスキーマといいます。スキーマの主体は、「他人の評価」「他人の関心」。その人その人のスキーマに合ったポジションを与えることで、人は力を発揮します。

スキーマは基本的には変化しないのですが、経験のなかで、ほどよく修正される可能性はあります。ここは辛抱強く彼を見守るのが一番のつき合い方といえそうです。

# 身だしなみにこだわりすぎの人

広告代理店勤めの友人から聞いた話です。彼が大学時代の仲間と飲んでいたとき、変わり者の新入社員の話に花が咲きました。どこの会社も似たような社員がいることがわかり、大いに盛り上がったそうです。そんななかで、〝変わり者新人ナンバーワン〟に選ばれたのは、なんと彼の部下として配属された男性でした。

どんなところが変わっているのかというと、ルックス重視というかナルシストというか、一回の身支度に30分近くもかけるのです。

「そろそろ外回りに出るぞ」と声をかければ、「はい！」とハキハキした返事で答えます。しかし、そこから先が問題です。

「ちょっと支度してきます」というから、持ち物を確認するだけかと思って入り口で待っているとー向に現れません。デスクにもいないので、「見なかった？」と近くの人に聞いてみたら、トイレに行ったとのこと。それにしても長すぎるので、のぞいてみると、なんと洗面台の前でヘアスタイルを整えている真っ最中。しかも専用のドライヤーまで持ち込んでいるから驚きです。よく見ると眉もビシッと整えられていました。

「おいおい、いくらなんでも時間をかけすぎだぞ」

そう注意するも、「身だしなみは第一印象を左右するし、おろそかにできません」と涼しい顔をしていいます。さらに、「最後に専用のクリーナーで靴を磨くのでもう少しだけ待っていただけますか」と、しれっと言い放ちます。

ゆとりをもって声かけをしたからよかったものの、下手したら遅刻です。これからは最低でも出かける30分前に声かけをする必要がありそうです。

そんな彼ですから、得意先のビルに入る前に再度の身だしなみチェックです。携帯用のエチケットブラシでほこりを払い、小さな手鏡で髪型をチェックします。これでも数分の時間を取られます。

とにかく、彼にとってもっとも大事なのはルックス。見た目がすべてというわけです。

もちろん、体形の変化にも異常なまでに気を遣っているようです。週末のジム通いは何よりも大切で、休日出勤はありえません。もちろん、不健康な生活習慣でブヨブヨとたるんだ体になるよりはましでしょう。しかし、彼の情熱が、外見を整える、よく見せることだけに注がれているのは、なんともアンバランスです。

地方出張で旅館に泊まったときにも、風呂上がりの彼は、なんとビシッと髪型を決めていました。例によって30分近くかけてセットしてきたのです。

「身だしなみは大事ですから」

彼の言葉です。ここまで徹底できるのはもはや才能だと、尊敬の念さえ感じたそうです。

## 電話を切ってから「ムカツク」という人

広報の仕事をやりたくて異動希望を出し続けて五年、ようやく念願かなって広報部に配属された女性がいます。いまは仕事の基礎を学ぶため、ミニコミ誌やローカルラジオ局などの、規模の小さな媒体を担当しています。

対外的には抜かりなく対応し、しっかり仕事をこなしていますが、ただ、ひとつ気になることがあります。それは電話対応のとき。電話を切った後、ほぼ必ず、チッと舌打ちをしたり、ため息をついたりするのです。最近はもっと露骨に「ムカツク」「冗談じゃない」などと吐き捨てるように呟くのです。小さな声ですが、こういった言葉は周囲の耳にとまるものです。心配した上司が食事に誘い、さりげなく理由を聞くと、

「正直言ってたいした影響力もないくせに、商品を提供してほしいだの、特集の原稿作成に協力してほしいだの、ほんと、好き勝手言ってくるんです。いつまでこんな小さなタウン誌なんかを相手にしなきゃいけないのか、と思うと怒りがこみ上げて」

とグチをこぼしました。

たしかに規模の小さなミニコミ誌と、大部数をほこる大手メディアでは社会に対するインパクトはまるで違います。しかし、地域に根差したミニコミ誌のメリットは決して小さくありません。それにどんな会社であっても、異動したばかりでいきなり大手メディアの担当を任されるということはそうそうありません。

問題点は、「広報部に異動さえできれば、すぐにでも大手新聞やテレビ局といった大手メディアを相手にできる」と思い込んでいたことです。華やかな世界で活躍する「かっこいい自分」をイメージしていたのに、現実は小さなミニコミ誌を相手にしています。そのギャップに苦しんで「ムカツク」という言葉を発していたのです。

時代は変わり、何事もはじめは我慢して地道に能力を高めていく、ということを学ぶ機会が非常に少なくなりました。自分の思い通りになるのが当たり前と思っているから、そうならないと我慢ならないのでしょう。いずれにしても、そんな未熟な部下の相談に乗ってくれる上司に感謝しなくてはいけませんね。

# 会議のとき、つっこみを入れる人

会議で真剣に議論をしているとき、唐突に「つっこみ」を入れてくる人がいます。

「最近はシニアの女性も華やかなファッションに興味を持ってきています。従来のシニア向けという思い込みをいったんはずして考えた方がいいと思います」と中堅の女性社員が言うと、「おっ、Kさん、すごい説得力！」とつっこみが入ってきました。

声の主がこの話の主人公の女性です。

「今月も残り一週間、もう少しで目標達成です。最後まであきらめないで、今週もやり抜きましょう」

すると「負けないで　もう少し　最後まで　走り抜けて～」の歌声が。苦笑、失笑、周囲の反応はさまざまですが、彼女は〝してやったり〟とご満悦の様子です

タレントでもユーチューバーでも、お笑い系は大人気です。だからでしょうか、軽い人ほど「美形キャラになるのは正直難しいけれど、お笑い系なら自分でもいけるかも」と安易に

考えてしまうようです。そして、寒々しいギャグを連発して、しらける周囲をよそに独り勝手に盛り上がるのです。

人を笑わせるのは非常にむずかしいこと。「寒すぎるおやじギャグ」とか「それって、ネタのつもり?」などとドン引きされている人を見たことがあるでしょう。それくらいお笑いには技術が求められるのです。誰もが知るようなお笑い芸人さんは、才能に恵まれた人たちで、そのうえで血のにじむような努力をしています。そんな才能と努力のもと天才的なツッコミが生まれてくるのです。

さて、話の彼女の空気を読まないギャグの連発に、周囲の人間もいい加減つき合いきれなくなっています。そこで、みんなで申し合わせて、今後一切、ギャグに反応しないと決めました。

最近では、さすがに自分のつっこみがスルーされていることに気づいたらしく、おとなしくなりつつあるということです。

# 人前で部下を叱りたがる人

「ああ、オレは外れくじを引いちまった。なんて不幸なんだ。オマエみたいな無能な部下を押しつけられちまうなんて。これでオレの出世の目はなくなっちまったよ」

「○○ガチャ」という言葉をよく聞きます。ガチャガチャが語源で、何が出てくるか自分では選べないことを意味しますが、そんな意味では、部下を選べない上司にとって、「部下ガチャ」という表現が使えそうです。

でも、上司の役目は、どんな部下でも、その能力を最大限に引き出すことでしょう。ところが、その真逆の上司がいます。課長は成績の伸び悩む部下を、ただ無能だとののしり、嘆くばかり。ちょっとしたミスでも烈火のごとく怒り、部内のメンバーがいる前でも叱りつけるのです。しかも、言葉の暴力といえるような汚い言葉で。

「おい、オマエ、いい加減にしろよ。なんでこんなこともできないんだ。まったく、オマエのミスをオレが埋め合わせするはめになっちまっただろうが」

こんな上司の振る舞いは指導とはほど遠いもの。本来は部下のミスを冷静に処理したうえで、当人には決して声を荒らげずに淡々と諭していくべきです。淡々と諭されるほど、部下は冷静に自分のミスを振り返り、反省します。そして「もう二度と同じ過ちは起こさない。課長に迷惑をかけないようにしなければ」と決意するのです。

その後、落ち着いた頃合いを見計らって食事などに誘い、静かに「ミスの原因や今後同じことを繰り返さないための方策」を話し合ってみます。ある程度話がすんだら、あとは明るく語らう。そうすれば上司部下の信頼関係は強固になるでしょう。

ところが、ミスの内容ではなく、部下の人格そのものを否定するようなネガティブな叱り方をすると、相手は受け入れられず、反発心ばかりふくれ上がります。反省の気持ちを抱くどころか、罵詈雑言を浴びせまくった上司に対する恨みと憎しみが残り、信頼関係は一気に崩れ去ります。

部下のせいではなく、自らのせいで出世の道が完全に閉ざされるのは間違いないでしょう。

# さっさと自分の休暇を決めてしまう人

この会社は社員10名ほどの情報関係の下請け会社です。リサーチやデータ収集などがメイン業務です。

「遊びから仕事の質が生まれる」という方針のもと、社員はローテーションで週二日間、休みが取れるような仕組みが取られています。とはいえ、ゴールデンウィークなどの大型連休はさすがに難しく、前半と後半の二回に分けて、半分は連休を取れるように社員同士でやりくりしています。休めなかった残り半分は、代休で後日消化します。

そんななかで問題が起こりました。ある女性がルールを無視して、勝手に大型連休をとってしまったのです。自分本位の行動に、当然、まわりから不満の声が上がります。なんとか社長が「今度からは、みんなと同じく半分の連休で我慢してくれ。残り半分はいつでも代休をとっていいから……」と納得させました。

ブツブツ言いながらも社長の言葉にしたがったのですが、そんな彼女はまたまたやらかします。連休の日程から代休の消化日まで、半年以上前に予定を自分の好き勝手に決めてしまったのです。

その言い分は、「休みは早めに決めないと、今後の予定が立てられない。早いうちから休みを決めるのは当たり前です」と、もっともらしいのですが、それは誰だって同じです。「それはみんな同じ、だからこそみんなで相談して、都合を合わせないと……」と誰かが言えば、「いやいや、休日は労働者の権利だから。カレンダー通りに休むのも当然のこと」と屁理屈を言い出す始末です。

この会社で請け負っているような仕事は、仕事量の波が大きく、どうしても全社員が総力をあげて大きなプロジェクトに取り組まないといけないことが多々あります。そんな一大プロジェクトの山場と彼女の休暇予定が重なったことがあるのですが、社長じきじきに「どうしても手が回らなくて、休暇の予定を後ろにずらしてもらえないか」と話しても、もちろん返事はNOでした。

みんなの頑張りでなんとかこのプロジェクトは乗り切れました。しかし、この彼女の言動がきっかけとなって、社内の雰囲気が少しずつ変わっていってしまいます。それまでは、しんどい仕事でも皆で一丸となってぶつかっていく、という結束力のある職場でした。しかし自分勝手な言動を繰り返す問題社員の存在によって、その結束力が崩れ去る手前にまできてしまったのです。

社長が「彼女にはやめてもらう」と決断したのは当然でしょう。

# なんとなくネガティブ思考の人

明るい笑顔で周囲を元気づける人もいれば、暗い雰囲気でネガティブなオーラを放ちまくる人もいます。言うまでもなく、後者のような人と付き合うと精神的な負担になります。ネガティブなオーラに触れると、どんなにポジティブな人だって気分が沈み、ストレスを感じてしまうものです。だからこそ、ネガティブな人との付き合い方には注意が必要になってきます。

ネガティブなオーラを放つ人には、「自己愛が足りない」「自己肯定感が低い」という特徴があります。だから、

「いいのよ。どうせ私のことなんか、誰も期待していないし」

「どうせ私の話なんか聞きたくないでしょ」

というように、自分を否定する発言が多いのです。このような自己否定的な発言は、心から発せられるSOSと思えます。

「そんなことないよ」

「もっと自信を持って」

など励ましの言葉をかけがちですが、本人が強く自己否定している場合、改善効果は薄いかもしれません。その結果、励ます側のストレスばかり積み重なり、「もう勝手にすれば！」と突き放したくなってしまいます。


悲観的な思考に固執する人の心を解きほぐすのは容易ではないため、素人にはあまりおすすめできません。しかし、相手が家族や親しい友人であれば、時間をかけて寄り添い、ネガティブな感情を理解しようと努めることも必要でしょう。


そのためには、「自信を持って」などと直接的に話すのではなく、

「今日はいつもより明るいね」

「声にハリがあるみたい。何かいいことあった？」

などと間接的にポジティブな変化を指摘してみます。すると、相手の自己肯定感を高めることができます。これは、リフレーミングと呼ばれる心理テクニックで、物事の見方を変えることで感情や行動に変化をもたらす効果が得られます。


同様に、SNS上でネガティブな投稿ばかりしている人に対しては、「いつも素敵な写真を投稿していますね」とコメントすれば、相手は自分の投稿を肯定的に捉え直すことができ

ます。

ただし、職場や地域、ＳＮＳなどで接する程度の関係の場合、これ以上深入りする必要はありません。前述のような小さなエールをときおり送る程度に留めましょう。

なぜなら、深刻な悩みを抱えていると、ちょっとした親切を過剰に受け止め、依存してしまうケースがあるからです。その結果、ストーカーになったりする人もいます。

だから、あまり親密な関係ではない相手に対しては、個人的な感情ではなく、あくまで同僚やコミュニティの一員としてのアドバイスであることを明確に伝え、適切な距離感を保った方が安心です。

ネガティブな人との付き合いはなかなか難しく、よほどのことがないかぎりおすすめできません。付き合わざるを得ないときには、適切な距離感とポジティブな声かけを心がけてください。

# 自分のスマホをやたら盛る人

「スマホなしの生活はあり得ない」と誰もが思うくらい、スマホは世の中に浸透しています。どれも似たような見た目のスマホですが、だからこそ、みなが思い思いの〝あしらい〟で自分らしさを演出しています。デザイン性の高いケースを選ぶ人や、シールを貼ったり、自らペイントしたりとさまざまです。

しかし、会社から仕事用で支給されるスマホは別です。液晶や本体を保護するフィルムやケースをつけるくらいで、極力シンプルな状態で使うのが望ましい、ということは誰だってわかるでしょう。

でも、こうした常識が通用しない人もいるみたいです。営業職の彼女もその一人。仕事もそつなくこなし、営業成績も良好。勤務態度もいたって真面目で、トラブルを起こすこともありません。経済の勉強もしっかりしていて、自分なりの考えで話せます。取引相手からも、それなりに信頼を得ていて、これからしっかり社の戦力になってくれそうな人材です。

ただ、気がかりなことは、持ち物がやたらと幼いのです。会社支給のスマホにもかかわらず、パンダ、ライオン、ペンギンと、小さな子供が喜ぶような動物のアクセサリーを大量にぶら下げているのです。しかもそれを取引先でも堂々と取り出して、上司に電話しているというから驚きです。

「ずいぶんとにぎやかなスマホだね。その動物たち、使うとき、邪魔にならないの？」

上司がさりげなく尋ねます。上司からそう言われれば、「支給された備品に個人的なアクセサリーをジャラジャラぶら下げるのはいけないのか?」と気づくと思って少し皮肉も交じっています。しかしそんな上司の思いとは裏腹に、自分の趣味に関心を持ってくれたと勘違いしてしまい「これは旭川の動物園」などと、嬉々として動物園講釈を始める始末。上司はあっけにとられて何も言えなくなってしまいました。

もっとも、社内を見渡せば、デスクにアニメキャラの小さなぬいぐるみを置いている社員、アイドルグループの写真がプリントされたマグカップを使っている社員など、同類の人間がたくさんいることに気がつきます。

これが、今はやりの「自分らしさ」の表現なのか? 単に〝お子ちゃま〟なだけじゃないのか? 実際は、想像も遠く及ばない宇宙人のような〝お子ちゃま大人〟です。得体のしれない人と思わず、温かく見守るのが最善かもしれません。

# 業界言葉を激しく使う人

「昨日の結婚記念日、どこに行ったの？」

「シースーですよ。シースー。二人分キャンセルが出たっていうんで、ラッキーでした」

と嬉々として答えるこの人はチャラチャラした業界人ではありません。正真正銘の流通系のビジネスマンです。それも、もはやベテランの域に入っている世代で、仕入れに関しては、業界でも一目置かれる存在です。

ただ、おわかりのように業界人のような話し方をするクセがあり、能力とは裏腹に、なんとなく軽いのです。取引先の担当者などにもすぐにニックネームをつけて親しげにその名で呼びます。山口さんなら「ぐっちゃん」、相川さんなら「アーちゃん」、下の名前が幸子さんには「サッチん」といった具合です。

こうした言葉づかいで、とくに目立つのが、仕事関係の略語です。キリのいい番号ならキリ番、サポートセンターならサポセンといった具合です。なかには勝手に自分流でつくったりする人もいるようです。しかし、たとえばクレーム対応を〝クレタイ〟と勝手に命名したはいいものの、「おーい、誰がA社のクレタイしたんだ？　教えてくれ」と言ったところで誰にも伝わらない……なんていうオチがほとんどのようですが。

こういった言葉づかいをする人は、心理学的にいうと「自己顕示欲が強く、周囲が自分に注目していないと気がすまないタイプ」が多いそうです。ビジネスマンとして地道に働くよりも、もっと目立つところ、たとえば芸能界のような場所で活躍するのが自分本来の姿だと思い込んでいることが多いのです。なかには、「キムタクと自分は見た目も生き方も似ているし、いい友達になれるかもしれない。練馬のキムタクと呼んでくれ」とうそぶく人さえいるのですから驚きです。

たしかに、自己評価はあくまで自己評価なので、そこは好きにしてくれてもかまわないのですが、めったに食べられそうもない高級鮨を、さも食べなれているかのようにシースー呼ばわりするのは勘弁してほしいものです。

先日、得意先で例のシースーを連発していたら、相手の課長は大の食通で全国のおいしいものを食べ歩いているといいます。普通なら、こういった場面では恐縮してしまうのでしょうが、彼の場合は、そこからシースーの話題で大盛り上がり。図々しいまでの自己評価の高さは、もはや才能でしょうか。ある意味、貴重な人材なのかもしれません。

# 自慢話ばかりする人

「今月から彼が御社を担当いたします」

上司が取引先の方に新しい担当となる部下を紹介しました。あれこれ世間話をする中で趣味の話題になり、取引先の部長が「最近、はまっているのが写真でね」と、ニコニコしながら話し始めました。

プライベートを話してくれるのは、心を開いてくれた証拠です。上司は、この取引先との関係も、もっともっと良くなるだろうと安堵したのも束の間、話はとんでもない方向に展開していきました。

「部長、カメラボディは何をお使いですか？　フィルムとデジタルは使い分けていますか？レンズは？　それじゃダメですよ。僕は○○を使っていますが、ポートレートを撮らせたら最高のレンズですね」

「しまった！」と思い、割って入ろうとしましたが、もう手遅れでした。

部下は、自分はカメラ店でショーケースに入っている、値段が一桁違うようなビンテージのレンズを使っていること、プロのモデルを雇って一緒に沖縄まで撮影旅行に行ったこと、有名なドイツ製のビンテージカメラを複数台所有していることなど、カメラ好きなら誰もがうらやむような話を延々としてしまったのです。

この部下、実は筋金入りのボンボン。横浜で何代も続く名家の次男坊で、正直、働かなくても何不自由なく暮らしていけるとか。毎月の給料も、彼にとってはお小遣いくらいの感覚です。当然、休日の過ごし方だって並大抵のものではありません。

一方の取引先の部長は、子ども二人の教育費に住宅ローンの支払いと、ギリギリの暮らし。数十万、数百万もの大金をつぎ込んだり、南国へ撮影旅行に行ったりなど、夢のまた夢です。悪気がないのはわかるけれど、ただの自慢話にしか聞こえません。部長の表情はみるみる険しくなっていきました。

聞く人がどう思うか、どう感じるかを考えず、自分勝手な自慢話を延々とするのは、相手が誰であっても失礼極まりない態度です。今回の件でも、部長が写真を楽しんでいるという気持ちに寄り添って、相手の楽しい体験話を頷きながら拝聴するのが、マナーであり、やさしさなのです。

しかし、良くも悪くも鈍感で天然な人に、それを言っても伝わらないでしょう。嫌われるのは自業自得と突き放してしまうしかなさそうです。もっとも、彼のように鈍感な人間は、相手から嫌われても、それすら気がつかないかもしれませんが。

# 前ふりがやたらに長い人

「課長、例の創業祭の企画についてですが。実は、私の叔母は長いことロンドンに住んでいて、その叔母の旦那さんは実は地元ロンドンの名士で、イギリスでは長い歴史を誇る銀行に勤めているんです。ちなみに叔母はロンドンの前にはイタリアに住んでいたんですよ。インドにもいたかな。いとこたちはみんな何カ国語も話して、私なんかたじたじですよ。子供の育つ環境ってほんと大事ですよね……」

本題に入るまでが長い人は多いものです。とうとうと、誰も興味を持たない無駄話を披露した彼女もその一人です。いつもこんな感じで、どこまで前ふりが続くのかまったくわかりません。ひどいときには、肝心の本題にまったく触れることなく、ひたすら関係のない話だけして席に帰ってしまうという始末です。

こうした人は、基本的に自分を中心に世の中を見ていることが多いもの。いわゆる自己チューと呼ばれるわけです。今回のプレゼンも、自分に関係することが重要で、企画の話は大したことではない、ということ。自分の話だけできれば、それでいいのです。

「仕事からかけ離れた話をしている」という自覚がないのが、なんとも困ったところでしょう。まったく悪意がないのですから、他人に迷惑をかけているとは、つゆほども思わず、反省を求めたところで、のれんに腕押しです。

これからずっと、くだらない長話に振り回されるのはうんざりと、周囲の人たちは、ある作戦をとることにしました。前ふりが始まったタイミングで、こちらから関係のない話をぶつけるという作戦です。

「あのう、創業祭の企画についてですが。実は……」と言いかけるかどうかのタイミングで、先輩が「実はうちの息子が、日本の大学じゃなくて、海外の大学で学びたいと言い出したんだけど……」と割って入ります。

自分のことにしか興味ない彼女の顔には進学の話など興味がない、といった表情がありありと浮かびます。そこを見計らって、

「あ、話の腰を折っちゃってごめん。じゃあ、さっそく本題に戻って、君のアイデアを聞かせてもらえないかな」という具合に本題へと引き戻します。

こうした作戦を、心理学ではテット・フォー・タット作戦といいます。テットもタットも軽く打つという意味であり、要は「相手が行った行為と同じことを返す（やられたらやり返

す）」

というわけで、自己チュー人間に対抗するには、とても効果的です。

# 第5章

# 考えが幼い人

# すぐに噂を広めてしまう人

「ここだけの話だけど、営業部の高橋さんと経理部の小林さん、どうもつき合ってるみたい。休日にたまたま渋谷で二人が一緒に歩いているのを目撃しちゃったの。私、思わず身を隠しちゃったわ」

どこの職場にも、情報ツウと呼ばれる人がいます。面白半分に誇張して言いふらす人も多いので、信憑性はそれほど高くないのかもしれませんが、人間はこうした噂話が好きな生き物で、ついつい身を乗り出して聞いてしまいます。

しかし要注意です。

「そうなの？　知らなかったわ。まあ、言われてみると、社内でもよく話しているのを見かけるし、仲良さそうだもんね」

などと相槌をうったり、話に乗ってしまうと大変なことになります。

「ねえ、知ってた？　ここだけの話だけど、営業部の高橋さんと経理部の小林さんって付き合ってるみたいよ。ゴールインも近いって○○さんが言ってたわよ。証拠もあるって……」

いつの間にか、噂の発信源があなたかのように広められてしまうのです。

このタイプが男性だった場合は、さらに注意が必要です。

「ここだけの話だけど、あいつはこの先、ちょっと厳しいかもしれないな。覇気が感じられないし、ミスも多すぎる。部署異動ももう厳しいだろう」

「つまり、リストラ要員ってことですか？」

「まあ、そうだろうな……」

などと、勝手に部下の処遇をジャッジして、自分の一存でクビにするかのような言いぐさです。

覇気がないと感じるなら、面談して悩みを聞くべきですし、ミスが多いなら二人でしっかり原因を探り、ミス防止の対策を練るべきでしょう。このように、部下の能力不足やメンタル不調は、直属の上司が責任を持って対処すべきことですし、それが上司の役目です。なのに、こんなことを言うようでは、上司としての指導力、管理能力に問題ありと言われても当然でしょう。ところが、こういう上司は必ずと言っていいくらい、トラブルが起こると、部下に責任を押し付け、自分を守ろうとするのです。

もし、噂好きな上司に「ここだけの話だけど……」と、話を持ちかけられたら、深入りしないこと。話半分に切り上げ、以後は、なるべく距離を置いて接するのがいちばんです。

このての上司に好かれる必要はありません。そんな人間が成功するはずもありませんし、下手をすれば、上司のトラブルに巻き込まれて、一緒にリストラ候補になんてことにも。くれぐれもご注意を。

## なんとか自分の賛同者を集めたがる人

クリエイティブの花形ともいえるのが広告プランナー。柔軟で自由な発想力はもちろんですが、突飛で奇想天外な企画こそ、才能の証だと勘違いしている人もたまにいます。

ここで登場する人もそんな一人です。彼の提出するプランは、「日本で人気の外国人ユーチューバーを集めて、鎌倉の寺院でサルサダンスをさせる」とか、「タレント議員でアイドルグループを作る」といった、実現可能性のひどく低いものばかり。

たしかに発想は面白いのですが、関係先の許諾が取れるのか、そもそもタレント議員が出演してくれるのか――そういった課題を冷静に判断すれば、実現の可能性はゼロに近いと誰でもわかります。当然、彼の企画は即、却下されます。

しかし、根拠のない自信だけは誰にも負けず、「みんなが自分の発想力についてこれないだけ、俺が時代の先を行き過ぎているだけ」と受け取ってしまうのです。

なんと彼は、いきなり他部署に企画を持っていって、自慢のプランを披露し始めます。聞かされる側は興味もないし、さっさと切り上げたいので、「斬新さは誰にも真似できないね」「まさに時代の三歩先を行く企画だと思うよ」などと適当に持ち上げて、とっとと退散してしまいます。

これを企画への賛同と受け取った彼は、満面の笑みで、また別のチームで、とうとう企画のプレゼンをはじめるのですが、それればかりか、「じつは隣の課の主任も企画に賛同してくれていて。面白いって、大絶賛されました。まあ、うちの上司は頭が固いからブツブツ言ってるんですが」といった具合に、先ほど適当なことを言って逃げた人を、勝手に企画の賛同者に仕立ててしまうのです。

しかし本当のところ、彼は、自分の企画を心から実現させたいと思っているわけではありません。むしろ、実際に企画が通ってしまって、結果が出せなかったらどうしよう……という気持ちを持っているようです。

彼の情熱は、企画を実現させることではなく、企画を認めてもらう、自分を才能ある人間と認めてもらう、そのためだけにあるのです。こんな人がプランナーとして活躍する確率は企画実現率同様、限りなくゼロに近いでしょう。

# 人の恋人に会いたがる人

気心知れた職場の仲間とのランチタイム。話題の中心はたいてい社内の人間関係。誰が出世するだの異動するだのと、人事の話も多いのですが、なんといっても盛り上がるのが恋バナでしょう。

「今月から変わったA社の営業さん、かわいらしくていい感じよね。今度、お茶にでも誘ってみようかしら」

「営業部の〇〇さんも、仕事はできるけど、話し方が穏やかで感じいいわよね。こんど、声をかけてみようかなぁ」

こんな感じで場があたたまってくると、

「そう言えば、あなたの彼ってどんな人なの？　外資系のコンサルタントなんでしょう？今度、紹介しなさいよ」などと人の恋人に会いたがる人が出てくるものです。

こういう人は男女問わず、どこの職場にも必ずいますから、ほんとうに困りものです。

ここまで露骨ではなくても、人の恋人に興味を持つ人は多いでしょう。のぞき見したいという気持ちは大なり小なり誰でも持っているものです。心理学では、こういった願望を窃視願望といいます。この窃視願望にうったえるからこそ、世の中にはスクープやゴシップが溢れかえっているのです。たいていの人は、こういった気持ちを抑えて理性的に振る舞うものですが、それができない人もなかにはいるようです。

なかでも、人の恋人にやたらと会いたがる人には要注意！　こういう人はたいてい根拠のない自信を持っていて、心の奥底では、「人の恋人だろうと、奪えるものなら奪ってしまおう」と思っているのです。

こんな人に恋人を引き合わせるのは、やめましょう。「すごくいい人だけど、なんかプライドばかり高そうじゃない。あなた、結婚した後、大変かもよ」という具合にネガティブな物言いで不安をあおります。しかし、本心は、隙あらば自分に振り向かせようと画策していたりするかもしれません。

昔と違い、いまではSNSで簡単につながるので、こっそり彼あてに、彼女の信用が地に落ちるような嘘のメッセージを送って二人の仲を引き裂く、なんていう〝悪女〟もいるそうです。なんとも恐ろしい話ですが、恋人を紹介してと言われたら、「あなたとは相性がよくないと思うわ」などと断ってしまいましょう。

# ペットの写真を見せたがる人

現在、空前のペットブームだそうです。動画サイトを見れば、ペットを主人公にした動画が何百万再生を数え、動物と触れ合えるカフェも大盛況です。もちろん、スマホの待ち受けに、PCの壁紙にと、日常のいたるところで、かわいらしい動物の姿を拝むことができます。さらに最近では、飲み会で盛り上がっていても、「ごめん、うちのチルチルにご飯あげなくちゃいけないから、そろそろ帰るね」などと、ペットの世話を理由に途中で帰ってしまう人も増えてきました。

いうまでもなく、チルチルとはそんな彼女の愛猫の名前です。いつもそんな具合なので、彼女の別名は〝猫の下僕〟。もちろん、誰だってそんなこと口にはしません。普段は、「お〜、ブルーの目がすごいキレイ。猫って人に媚びないし、いいよね〜」などとご機嫌をとっています。

しかし、うっかり猫の話題を出すのは要注意。スマホの猫写真を延々何十枚も見せられるし、延々〝チルチル様〟の話を聞かされることになるのです。

ペットへの異常なまでの溺愛は、強い支配欲求に根差すものといわれています。人間を支配することはできなくても、猫ならば、犬ならば、自分でも支配できる。つまり、人間に対する支配欲求をペットで満たしているのです。

人を支配するというのは簡単ではありません。競争し、相手より自分の方が上だとわからせる必要があります。

しかし最近は、人と競争し、時には喧嘩をし、そこで打ち勝つことで、相手に〝自分の力を見せつける〟――そんな体験をしないまま大人になる人が多いといわれています。

自らの満たされない支配欲を、ペットを溺愛することで埋め合わせているのですから、とにかく話をペットの方に振らないように気をつけましょう。

## 会社で叱られたことを親に言いつける人

「課長、Sさんという方からお電話です。女性の方です」

Sさん？　女性？　いったい誰だろう？　取引先にもお客様にも思い当たる人はいないな……。それとも息子が何かしでかしたのか？　恐る恐る電話を取ると、

「はじめまして。わたくし、課長様のもとでお世話になっているSの母でございます」

いったい何の用だろう……。課長が不審に思っていると、突然、電話の声が一変して甲高くなりました。

「ひとつ、おうかがいしてよろしいですか！　娘から聞いたのですが、なんでも課長さんは能無しとか無能とか、そんなふうにおっしゃったとか。それはあり得ません！　娘は子供のころから出来が良くて、近所でも評判の子なんです！」

課長はようやく事態をのみ込みます。先日、同じミスを繰り返すうえに、反省するそぶりを見せない彼女に、「能力がないわけじゃないだろ！　しっかりしろ」と声を荒らげたので

した。

　母親は甲高い声で、他にも課長はああ言った、こう言ったと、マシンガンのように文句を言い続けます。彼女は自分が叱責されたことを、少し脚色して母親に報告しているようです。

　事情を知ってもらおうと、経緯を説明するも、母親はまったく聞く耳を持ちません。

「まだ入社して間もないのですから、わからない、できないのは当たり前。上司の仕事は部下をしっかりサポートすることではありませんか」

　異常なまでにゆがんだ娘へのフォローに、課長はあきれるやら、関心するやら……なんとも切ない気持ちになります。ひたすら母親に愚痴を言い続ける日々を、彼女は繰り返していたのでしょう。

　もう社会人だというのに、いまだに母親へ依存している精神構造も問題ですが、それ以上に、娘をかばい、上司に文句を言うために、わざわざ会社に電話をかけてくる母親の行動は問題です。精神的にも物理的にも、母親から離れない限り、おそらく独り立ちできないでしょう。

## 結婚相手を探すために会社に来ている人

「努力は不要」などという言葉を耳にすることがあります。時間を効率的に使えるかどうかを意味する「タイパ（タイムパフォーマンス）がいい」という言葉も市民権を得る時代です。無駄と思えることに時間を使うのを毛嫌いする人がどんどん増えています。

勉強にしても運動にしても、平均的にできれば、それ以上は望まない。トップを狙うために猛勉強、猛練習なんてしたくない。なるべくラクに効率的に、そこそこを目指す。そんな意識でしょうか。社会に出てもそのスタンスは変わりません。リストラ対象にならないように無理せず、ほどほどに仕事をしていればＯＫなのです。

しかし、結婚に関してだけは別で、熱血マンガの主人公のような努力を惜しまない人もいます。生きる目的が、「少しでもいい相手と結ばれる」ことだけにある人です。こういった人にとって、「いい異性」とは、人柄とか相性とかではなく、他人に自慢できる人、他人からうらやましがられる人、を指すようです。

化粧品会社の広報担当の女性がいますが、彼女もそんな理想の相手との出会いのために努力を惜しまない一人。広報という仕事がら、毎日何人もの大手メディアのカメラマン、デザイナーたちと接します。そんなときに彼女は、仕事はほどほどにして、お得意の〝データ・チェック〟に全力を傾けます。

既婚か独身か、住所、所有する車、趣味、行きつけのお店、学歴、出身地……。そして入念に下準備をして、仕事以外の場での偶然の再会を演出するのです。ちなみに、彼女に言わせると成功確率は意外と高いとのこと。

さて、彼女には思い描いている理想の生活があるようで、

「将来は夜景のきれいな湾岸エリアのタワーマンションに住んで、子どもの送り迎えの合間に、お洒落なカフェでランチ。相手はありふれたサラリーマンはイヤ。クリエイティブな仕事をしている人か、弁護士みたいな資格を持って活躍している人が理想。もちろん、そんな人を見つけるためなら、どんな努力も惜しまないわ」

などと、同僚のOLたちに話しているそうです。

そんな彼女ですが、意中の人との運命的な出会いはあっても、その先が続かないのが悩みの種だとか。交際まで持ち込んでも、新たな出会いがあれば、すぐに乗り換えてしまうのですから当然です。もっといい人、もっといい人……と、男性のスペックだけを求めて、欲望

に際限がないのでしょう。

最近では、彼女のまわりでこっそりと、「今度の相手とはどれくらい続くのか」を予想する賭けゲームが流行っているのだとか。

# あまりにもピュアな人

ある中堅商社での話です。入社三年ほどの男性がいますが、会社の上層部は彼をごく普通のサラリーマン家庭で育った誠実な青年だと思い込んでいました。ところが、じつはなかなかの問題社員でした。取引先との懇親ゴルフに同席させたときのこと。参加メンバーは初心者か、中の下レベルがほとんどだというのに、彼はそんなの無関係と言わんばかりに、持ち前の腕前でどんどんホールアウトしてしまいます。見かねた上司が、

「お前なあ、こういう場では手加減するもんだ。次からはちょっとはずせよ」

とささやくと、彼は顔色を変えます。

「何を言っているんですか！　客とか立場とかは関係ないでしょう。真剣に勝負しなくては相手に対して失礼だと思います！」

このピュアさは仕事でも同様で、まったく融通がききません。仕事をスムーズに進めるために契約額に少しだけ上乗せするという〝ちょっとした気配り〟も許せないようで、

「あくまでも契約を守るのが大切、フェアにやるのが当然です！」

などと、上司に迫ったりするのです。

もちろんピュアなのは結構ですが、この世の中はそうそう規則通りには進まないものです。社会というのは白黒だけで割り切れるものではないからです。白でも黒でもない中間のグレーゾーンを見つけて生きていくのが社会人ともいえます。

契約の件にしても、ある程度のメリットを相手に与えることで仕事が成り立っているといってもいいでしょう。理不尽な要求に直面して、「許せない！」と思う人も多いのです。

でも、スーパーピュアな人にとって、そういった理不尽さを受け入れることは、自分が汚れた存在になってしまうという認識のようです。

さて、その後彼がどうなったかというと、ある日、とうとう辞表をたたきつけました。

そのときの彼の言葉は、

「もっと自分らしく生きられる仕事を探します」

しかし、果たしてそんな夢のような仕事はあるのでしょうか。

辞表を受け取った上司も、かつては同じような怒りを感じたこともありました。でもそれは自分本位の安易な考えだったと気づき、そこから仕事も人生もうまく回り始めたこと思い返しながら、断固として馴染もうとしない彼の将来を案じるのみでした。

# すぐにボディ・タッチしたがる人

世の中には、人と話すときに、相手のどこかに触れたがる人がいるものです。もうベテラン社員の域に入っている彼もその一人です。

「○○君、この企画書、すごくいいじゃないか」

ニコニコしながら、若い部下の肩をポンとたたき、お褒めの言葉を述べています。指導するときにも、軽いボディ・タッチを欠かしません。いやらしさは感じないのですが、男女問わずタッチするので、女性たちは距離をとって、身を固くしている人がほとんどです。

その〝タッチ癖〟は社外でも同じで、外回りで取引先の担当者との挨拶は必ず握手、親しい間柄の相手には、「おかげで過去最高の売上げを達成できましたよ。どうやったら感謝の気持ちを伝えられるかわからないくらいです」と、ハグする勢いです。

ボディ・タッチは、もっともダイレクトに心情・感情を伝えるコミュニケーション手段です。たとえば、恋人同士がきつく抱き合うのは、体のぬくもりや香り、そして脈打つ鼓動

――お互いの存在そのものを通して心を通じ合わせるためです。そこに言葉はいりません。触れ合うだけで成り立つ、まさに最上のコミュニケーション手段です。

ボディ・タッチは欧米ではポピュラーですが、日本の場合は、よほど親しい間柄でない限り行いません。握手も、そうそうするものではありません。

そう考えると、やりすぎな感が否めません。ものには程度というものがあり、彼がその一線を越えているのは明らか。どうやら社会人になりたての頃、雑誌か何かで「人間関係を円滑にするにはボディ・タッチが効果的」のような記事を読んだらしく、その内容を鵜呑みにしてしまったみたいです。

潜在的に人に触れたいという願望もあるのかもしれません。心理学では、依存心が強い人は、絶えず人に触れていたいという願望を持つ人が多いともいわれています。触れていないと不安になってしまうのです。たとえば、赤ん坊にとってスキンシップはとっても大切。なでたり、抱いたりすることで、泣き止んだり、スヤスヤ眠りについたりします。

彼も赤ん坊と同じように、人に触れることで安心感を得ているのかもしれません。でも、程度をわきまえられないのは問題です。彼には早く大人になってもらいたいものです。

# 親の力を利用するのが当たり前な人

世の中には苦労をしなくてもスポットライトを浴び続けられる人がいます。学生の就職人気ランキングはつねに上位、入社するのが難しい広告代理店に入社を決めた彼もそんな選ばれた一人といえます。彼は入社すると下積みも経験せず、短期間の地方支店勤務を経て、あっという間に東京本社勤務に。しかも、花形のコピーライターに抜擢されました。

同期からは、「ほんと、お前がうらやましいよ。いったいどんな成果あげたんだよ。それとも、やっぱり運なのかな」などと、軽い事情聴取を受けたりします。するとどうでしょう。さらっと種明かしをするではないですか。

「運じゃないよ。父親のコネの力が大きいんだ。じつは父の知り合いが与党の幹部なんだよね。父には頭が上がらないって言う議員さんもたくさんいるみたいだし、息子の俺が言うのもなんだけど、いい父親を持ったなと思うよ」と、コネで入社したこと、入社後も、父親のおかげで恵まれたコースを歩んでいることを、堂々と告白します。

変に隠したり、卑屈になったりせず、素直に自分の境遇を話せるのは、本当に育ちのいいお坊ちゃんなのだと感心します。しかし、しばらくすると、彼の素直すぎるがゆえの、少し行き過ぎる父親依存が明らかになってきます。

広告代理店にとって、クライアントというのは、無理難題を言って当たり前のところがあります。そんなわがままを受け止めて、そして相手に満足してもらって、ようやく半人前というのが広告業界です。しかし彼は、いとも簡単にこの努力を放棄してしまいます。父親の力を使って問題を解決してしまえるからです。

上司が大会社の扱いに困っていたら、自分の仕事でなくても「父に相談してみます」と口利きを申し出ます。そして実際に、父親を通してその会社にパイプを通してくれて、滞りなくプロジェクトを進められた、なんてこともありました。

ここで一番問題なのはその父親でしょう。もちろん、ずっと父親に頼り切っている息子にも問題はありますが、「いつまでも親の力に頼らず、自分の力だけでどうにかしろ！」と叱り飛ばせない父親のふがいなさこそ、すべての元凶です。突き放さず、過保護のままでは、子どもはいつになっても未熟です。長い目で見れば、それは子供にとって不幸以外の何ものでもありません。世の中を見渡せば、このような親子は大勢いるようですし、新人研修の専門家の話でも、似たような新人がたくさんいるそうです。開いた口が塞がりません。

# 驚くほどデスクが散らかっている人

ビジネス書の定番テーマの一つに整理整頓、ちょっと意識の高い表現だと「捨てる技術」と呼ばれるものがあります。判断よく、不要なものを手放して、必要なものを取り入れる。確かに仕事のできる人のイメージですが、一概にそうとも言い切れません。

たくさんの資料がうず高く積まれているデスク。その主はヒットメーカーとして有名なベテランのデザイナー。しかし、机だけ見れば、とてもそんなふうには見えません。仕事とは関係ない趣味のフィギュアやアイドルグループのCDなどもあり、まさに整理整頓ができない人の典型です。

しかし、親切な誰かが書類の山を整理してあげたりすると、えらい騒ぎになります。

「ちょっと！　ちょっと!!　誰か勝手に机の上をいじったでしょ。せっかくわかりやすくしてるのに、どこに何があるか見つけられないじゃないか！」

あわてふためき、イライラを爆発させるのです。

そもそも人は、「片付けのできる人」と、「片付けのできない人」に二分されると分析する人がいます。生まれつきDNAにインプットされた情報によって、片付けのできる人、できない人に分かれるのならば、片付けが下手な人に整理整頓の大切さを諭すのは、ほぼ無意味ということになります。かりに、「俺は片付け上手に生まれ変わるぞ」と宣言したところで、三日坊主が関の山でしょう。

実は、片付けができない人は、意外と自分流の整理法を持っていて、書類の山から必要なものをちゃんと探し出せたりします。先ほどのデザイナーではありませんが、よほどのことがない限りは、その人自身が編み出した整理法を信頼してあげることです。

それに、世の中には、片付けが苦手でも、才能を持った人がたくさんいます。天才・アインシュタインも片付けができないことで有名でしたし、多くの本を書いている著名な学者さんにも、私生活では整理整頓がまったくできない人がたくさんいます。

〝散らかし魔〟といわれるほどの片付け下手でも、仕事さえできれば許される——それがこの話のオチになるのでしょうが、はてさて、実際のところ、そんな人がどれほど存在するのかは謎。あなたのまわりはいかがでしょうか。

# 「辞めてやる」と言って辞めない人

「もう別れてやる！」「もう、俺たち別れた方がいいよな」なんて言いながら、いつになっても別れられないカップルがいるものです。それに似た話があります。

〝販売部のエース〟を自認する彼は、いつでも会社とお別れできるよう、机の引き出しに辞表を忍ばせていることを、いつも自慢げに話しています。自分らしく生きることができないなら、いつまでもこの会社に執着しない。潔く身を引く、と。ようは、自分の理想通りの働き方ができないのなら、いつでも「辞める」覚悟はできているというわけなのですが。

以前に提出した企画が、彼の熱意もあってか、なんとかＧＯサインを取り付けたことがありました。そして、嬉々として企画実行の準備を進めていたのですが、土壇場で中止に。社会情勢の悪化のあおりを受ける形でした。

一度は通した企画を、社会情勢を理由に取り下げるという会社の判断は、弱気かもしれません。当然、彼は怒り、「この軟弱な姿勢が許せない！」と周囲に当たりました。

「だいたい、いつも逃げてばっかりだ。そんなことだからうちはいつまでたっても一流になれないんだ。もう我慢の限界だ。辞めてやる！」

ですが、まわりの社員は落ち着き払っています。「早まるな」「少し落ち着け」といった言葉も一切飛び交いません。

なんてことはありません。彼が騒ぐのは日常茶飯事だからです。

実は、上司に辞表を提出したことは、今まで一度もありません。あくまで言うだけ、ハッタリもいいところで、これから先も、彼の虎の子である辞表が上司に渡されることは絶対にないでしょう。それは同僚の誰もがよくわかっています。

本当に辞めようと思っている人は、辞表を出すまで極力それらしいそぶりは見せないものです。「辞める辞める」と連呼している人ほど、会社に執着していることが多いものです。

当然、周囲は、辞めるとは思っていません。むしろ、「辞める度胸もないのにピーチクパーチクうるさいな。そんなに辞めたいなら、どうぞご自由に」と内心では思っています。

彼の〝辞める辞めるサギ〟があまりにも目に余るので、「今度あいつが辞めると言ったら、俺らが代わりに部長に話してやる、って言ってみよう」などと笑っています。部長に話されたら、本当に辞めなくてはいけなくなるかもしれません。そのときの彼が、いったいどんな顔をするのか、見てみたいものです。

本書は書き下ろしです。

本郷 陽二 Yoji HONGOU

作家。東京都生まれ。早稲田大学文学部仏文学科を卒業し、光文社に入社。カッパブックス編集部でベストセラー『冠婚葬祭入門』（塩月弥栄子著）シリーズなどを担当。話し方や人間関係の著作やプロデュースで活躍。45万部のベストセラー『頭のいい人の敬語の使い方』（日本文芸社）をはじめ、『一緒にいて楽しい人・疲れる人』『一緒にいてイライラする人、ホッとする人』『日本人が「９割間違える」日本語』（PHP研究所）、『上流の日本語』（朝日新聞出版）、『「どこか品のある人」の言葉づかい』（三笠書房）、『頭がいい人の「好かれる」技術』（小学館）、『決定版！大人の語彙力敬語トレーニング125』（日本経済新聞出版）など著書多数。

変な人
――困った人との付き合い方

2025年２月14日　第1刷発行

著　者　本郷陽二

発行者　櫻井秀勲

発行所　きずな出版
東京都新宿区白銀町1-13　〒162-0816
電話 03-3260-0391
振替 00160-2-633551
https://www.kizuna-pub.jp/

ブックデザイン　川島　進

印刷・製本　モリモト印刷株式会社


ISBN978-4-86663-264-3

きずな出版